究極の損得勘定

損得で考える42の宇宙法則

小林正観
Seikan Kobayashi

清談社
Publico

究極の損得勘定

損得で考える42の宇宙法則

小林正観

はじめに

自分で自分がとっても好きになる生き方

人生を「つらい」「悲しい」「つまらない」と言っていると、「わかりました。じゃあ、早く死んじゃいましょう」と、体が反応する。「嬉《うれ》しい」「楽しい」「幸せ」「ありがたい」と言っていると、「じゃあ、もっと長生きしちゃいましょう」と、内部の修復さえ自らが始めてしまう……。そういうことがわかったら、「肯定的に生きる」ことが、単なる精神論ではないことに気づきます。**否定的に生きると「損」、肯定的に生きると「得」なのです。**

この本ではそういう話ばかりを集めました。

右脳が直感や創造性を担当している、ということはご存じと思います。左脳は論理的、理性的な部分を担当している、ということもご存じでしょう。ですから、「損得勘定」といえば当然のことながら、左脳が中心的に働くことになるのですが、「究極の」と「究極」の文字が加わると、右脳のほうも働くことになります。

自分の行為・行動について、左脳のモノサシ（判断基準）は「損得勘定」ですが、右脳のモノサシは「自己嫌悪」というものです。「自己嫌悪」はなんとなく否定的なイメージがあって「よくないもの」と考えられているようですが、実は「自己嫌悪」は神様が私ち人間に下さった、ありがたいモノサシ（判断基準）らしいのです。

「自己嫌悪」は〝神〟の側からのプレゼントであるらしい……。

たとえば、「正しいこと」を教えるために、子供に向かって怒ったとします。「正しいこと」を言っているのだから「左脳」は支持しているはずですが、なぜか「右脳」のほうが「自己嫌悪」を示している。つまり〝楽しくない〟。

右脳は、左脳とは違う、独自の判断を投げかけてくるのです。「究極の損得勘定」とは、右脳のほうも支持してくれるような生き方の提案です。

心も体も両方が喜んでくれるような生き方が「究極の損得勘定」。

「自己嫌悪」が生じない「損得勘定」が「究極の」ということになるでしょうか。

いろいろなことを受け入れられるようになった、いちいち腹を立てなくなった、一喜一憂しなくなった、と言う人は、右脳の判断と左脳の判断が一致するようになります。一言で言うと「自己嫌悪」が生じない生き方。「正しい」ことを言っていても、怒鳴ったりすれば「自己嫌悪」が生じます。

「究極の損得勘定」は、「自己嫌悪」を生じないだけでなく、たぶん、「自分で自分をとっても好きになる」生き方なのです。

この本に書いてあることだけでなく、右脳が支持する生き方（自己嫌悪がなくて自分が好きになれる生き方）を、ぜひ楽しんでください。

この本の作成にあたり、編集の田中暁さんや、宝来社《ほうらいしゃ》の小野寺大造社長にたいへんお世話になりました。心より御礼申し上げます。

２００４年10月10日

小林正観《こばやしせいかん》

究極の損得勘定

損得で考える42の宇宙法則

［もくじ］

第6章 「押しつけない」のが得

第7章 「思いを持たない」のが得

第8章 「自力で生きない」のが得

第9章 「後悔しない」のが得

第1章

「怒らない」のが得

01

五臓六腑《ごぞうろっぷ》を壊すもの

怒らないほうがいい科学的な理由

本当に損得勘定がわかってくると、
腹を立てなくなる。
私はもう長い間ずっと
腹を立てていません。

ハブが人に噛《か》みつくときは、怒っているとき、またはエサにしようと思っているときです。愛を込めてガブッと噛みついたときには毒を出しません。だから脚をガブッとやられたときにはまず「愛してるの？」と聞いてみてください。または「ハブ　ユー　ポイズン？」。すると答えは「イエス　アイ　ハブ」。

冗談はさておき、ハブの毒というのは、怒りに満ちて、あるいはエサにしようと思ったときだけ出るのです。約3億年前、爬虫類《はちゅうるい》と哺乳類は同じ脊椎動物から分かれました。分かれたということはどういうことかというと、ハブと人間とはほぼ同じ機能を持っていたということです。

人間の子供がお腹《なか》の中に宿っているときに、受精後1ヶ月、2ヶ月、3ヶ月……とかたちをたどっていくと、ちょうど地球の生物の進化の歴史のままにずっとかたちが変化していきます。3ヶ月、4ヶ月くらいだと、ウサギのような格好をしており、7ヶ月、8ヶ月のときは、サルみたいな格好をしています。

実は3億年前に、ハブと人間は同じ背骨を持つ脊椎動物でした。そこからヘビという種は、自分の身を守りエサをとるための道具として、道具や火ではなく、自分の体内に毒物を作るという機能を3億年かけて発達させてきました。そして怒りを持って噛みついたときは、毒が出て相手を殺せるように、進化してきたわけです。そして実は人間も、3億年前に毒ヘビと同じ機能を持っていたということは、どういうことか？

私たちの体の中にも、毒物を作る機能がちゃんと備わっているということです。

試しに、怒ったり腹を立てたりしたときにその怒気を一升瓶の中に入れて、そこへハエを1匹入れて密閉したとします。普段なんでもないときに息を吐き入れて密閉していると、だいたい30分でハエは死にます。窒息死です。ところが、怒っているときの息を一升瓶の中に入れて密閉してハエを1匹入れておくと、3分ほどで死んでしまいます。窒息死ではなくて毒死。

私たちは、怒っているときに吐き出した呼気の中に、実はものすごい毒素を含んでおり、ハブと同様の毒を体の中で作る機能があるのです。そしてそれはどういうときかというと、怒ったとき。ハブが嚙みつくときと同じなのです。腹を立て、イライラしたときに、毒気を含んだ気が体の外に出ていくわけですが、その怒って怒鳴って毒を含んでいる〝気〟を目の前の相手が吸い込むと、気力も体も弱まるようになっています。したがって、激しく怒れば怒るほど、相手はどんどんエネルギーダウンしていくわけです。

それによって「私」は、相手を言い負かしたり屈服させたりすることができるので、人間の身体機能の中に、毒物を作る機能がなくならないというのは実はそういう実利があるからです。しかし、じゃあ怒ればいいんだ、という結論ではありません。

「奄美《あまみ》観光ハブセンター」（鹿児島県）に行ってみると、昭和35（1960）年ごろにハブに噛まれた人の脚の写真が展示されています。モノクロですが、あれがカラーだったらちょっと見られないようなすごいものです。ふくらはぎをカパッと噛まれ、一応すぐに毒を吸い出したけれども血清が間に合わなかったという人の写真で、ひざまでは肉がありますが、ふくらはぎだけホネのみの状態になっており、全部筋肉が溶けてしまっているというものがありました。ふくらはぎのタンパク質が溶けてしまったらしい。ハブの毒はタンパク質を溶かすということを頭に入れておいてください。

ハブが作っている毒と、人間が体の中に持っている毒は同じものです。自分の体の中に、自分の意志で自分の機能で毒を作ると、その毒で相手を弱らせることが人間にもできるわけですが、誰がいちばん被害を受けるかというと、実は自分。腹を立てて怒って怒鳴っているときに猛烈な毒物ができますが、その毒物は実はタンパク質を溶かすものなのです。

そして自分の五臓六腑（心臓、肺臓、肝臓、腎臓、脾臓《ひぞう》が「五臓」、大腸、小腸、胆のう、胃、膀胱《ぼうこう》、三焦《さんしょう》が「六腑」）は、当然すべてタンパク質でできています。怒ったとき、人間は自分が作った毒物によって、実は自分の体中の臓器を溶かし始めます。

ゆえに**怒らないほうがいい、というのが私の結論です。**観念論や精神論、人格論の話ではなく、自分で自分の体を痛めて、損をするからです。本当に損得勘定がわかってくると、腹を立てなくなる。私はもう長い間ずっと腹を立てていません。「人格者」を目指して腹を立てないのではなくて、自分の身にとってものすごく損だとわかっているので、損得勘定で腹を立てないようにしてきました。

自分の周りの人に対して、ひどいことをしてるじゃないか、間違ったことをしているじゃないか、と言って腹を立てる人がいますが、それはものすごくバカな話です。

たとえば、狭い道に駐車している車の横をすれすれに通らなくてはいけないというときに、「なんでこんなところに停《と》めてるんだ」と言って怒っている人がいます。よく考えてみると、この違法駐車をしている車の持ち主はそこにはいなくて、どこかでコーヒーなんか飲んでいて、とても楽しく過ごしているかもしれないのに、それをイライラして「コノヤロー」と思った人が、結果的に五臓六腑を溶かして体を痛めていくなんて、バカな話ではありませんか。

したがって、**腹を立てないほうが損得勘定としては利口だということです。**ハブはとてもよいことを教えてくれています。ハブは脅威であるとともに、この世にいなくてはならない存在だったのかもしれません。

02

裁く者の心は砂漠、許す者の心はラクダ

「正しさ」より「楽しさ」

「正義感」「使命感」を振り回すと
周囲の人に迷惑です。
「カン」は振り回さずに、
ゴミ箱へ。

人間が怒ったり腹を立てたりするというのはどこからくるかというと、正義感から生じていることが多いようです。自分が正しくて相手が間違っていると思ったときに人間は腹を立てるのですが、実は、腹を立てている自分がいちばん損をする。損得勘定でいうとても損をしています。腹を立てている人を、腹を立てない人から見ると、「ばっかみたい」。「ばかみ隊」とは、損得勘定で考えるとあまりプラスにならないことを、一所懸命やっている、それも自分が正義だと思ってやっているということですが、その結果として体をどんどん壊している可能性がある。そのような状態の人を「ばかみ隊」と名づけました。

これに対して、**けっこう楽しそうに生きている隊に属している人が「らくみ隊」です。**

この人たちが泊まることができる別荘があるのを知っていますか？「たのし荘」「うれし荘」「幸せ荘」です。

人生において、「ばかみ隊」で一年中キャラバン隊を構成して砂漠の中を歩いていくよりは、「らくみ隊」に属して、1泊目は「たのし荘」で2泊目は「うれし荘」で……という別荘に泊まり歩きながら旅をしている「らくみ隊」のほうが、どうも生きているのが楽しそうです。

イエス・キリストの言葉にこのような言葉があります。

「人を裁くな。あなたがたも裁かれないようにするためである。あなたがたは、自分の裁く裁きで裁かれ、自分の量る秤《はかり》で量り与えられる」（新約聖書『マタイによる福音書』）

これを私流に換言してみました。

「裁く者は裁かれる。裁かぬ者は裁かれない。許す者は許される。許さぬ者は許されない」

さらに換言すると、

「裁く者の心は砂漠、許す者の心はラクダ」

投げかけたものが返ってくる。投げかけたものが、自分の周りを取り囲んでいるのです。

人格上の勉強をしていっても、最終まで残る「怒り」「憎しみ」というのは、実は「正義感」から発生するものであるらしい。人間というのは実に面白いものです。

人格が97点、98点というレベルまで高まって、あと2、3点で100点満点になってぜんぜん怒らないイライラしない人になるというときに、実は落とし穴が待っている。98点の地点でポコッと穴が空いていて、その穴にストーンと落ちると、そこは悪魔の領域。97点で止まっていればまだよかったのに、98点まで上がったから、そこから先は悪魔のしもべになって一生を終えるという人がいます。

90点のところで止まっていれば、永久に98点の落とし穴には到達しないので、悪魔の領域に行かなくて済みます。ですから90点の時点でそれ以上成長したくない人はそれでよしです。**どんな状況のときにも腹を立てない、怒らない、イライラしない、常に「ありがとう」を言い、常に出てくる言葉が肯定的であり、常に言動が人を和らげたり、穏やかにしたり、励ましたりするものであると同時に、トイレ掃除、水回り、風呂、洗面所をとことんきれいにする、ということをただひたすらやり続けている「実践者」のことを人格者といいます。**この実践をしている人は、ひたすら実践を積み重ねることによって、人格がどんどん100点満点に近づいていきます。100点満点になると、どんなことが起きても怒らなくなるので、そういう点で自分がいちばん楽になるのですが、その2点ほど手前の98点のところに落とし穴があります。

「私はこれほど正しい人になり、これほど人格を磨いたのに、なぜ他の人はそうならないのか」、という落とし穴なのです。正義感とか使命感とか、自分の中の天命、使命、役割ということを意識するあまり、自分はちゃんとしているのに、他の人はちゃんとしていないじゃないか、と他の人に目が向いて他の人を指差して糾弾し始めた瞬間に、実はそれが

「怒り」「憎しみ」の源になってしまう。「正義感」というものが、あるレベルまでこなければよかったのに、レベルが高くなったがゆえに、結果としてそうじゃない人を憎んだり怒ったりするようになってしまう。

だから「正義感」「使命感」は、あまり振り回さないほうがいいです。「正義」「使命」を自分の中に感じ、自分に課して生きていくのはいいのですが、「正義感」「使命感」を振り回すと周囲の人に迷惑です。「カン」は振り回さずに、ゴミ箱へ。

したがって、**あまり「正しい人」にならないほうがいいようです。**実は、悪魔の構造というのはこのようになっています（「悪魔」というものは宇宙に存在しないのですが、ここでは比喩として登場してもらいます）。

悪魔は、争わない、戦わない、憎まない、怒らない、イライラしない、という世界には住んでいられない。怒ったり怒鳴ったり、罵詈雑言《ばりぞうごん》、悪口《あっこう》雑言が飛び交っている場所が棲《す》み処《か》となるわけです。

98点まで登ってきた人（穏やかで、和やかで、怒ったり怒鳴ったりしない人）が、全部国土を占めてしまうと、悪魔は住むところがなくなってしまい、そうなると困るので、96点、97点までできた人の耳元に向かってささやき始めます。「あなたのやっていることは正しいことなのだから、自分のやっている正しさをもっと他人に向かって言いなさい」「あなたと同じレベルでやっていない人は世の中にたくさんいるのだから、もっともっと言って、周囲の人を正しい人に導いてあげなさい」

実はそのように耳元でささやかれた人は、そうだそうだ、と思うように、97点まで引っ張ってこられているのです。そして97点までできた人は、そのまま98点、99点、100点とトントンと登っていくようには絶対になっていない、ということを覚えておいてください。必ず98点のところに、すべての人に罠《わな》が仕掛けられています。あなたは選ばれた人だから98点のところに罠はありません、などという人はいないのです。すべての人が、98点の石段に足をかけたとたんパカッと穴が空くように造られているのです。そしてその時点で、「自分はやっているのに、他人はやっていないじゃないか」、という思いを持っていると、ストーンと穴に落ちてあっというまに悪魔の国の住人になるのかもしれません。

03

「許す」の語源は「ゆるます」

自分を許せば、他人も許せる

人に寛容になるための方法は、
自分を許すことです。
自分で自分に甘い人になること。
それが自分を許すということです。

リウマチの人の共通項というのは、「笑わない」ことかもしれません。私は、今もガチガチの唯物論者ですが、15歳のころから人間観察を40年続けてきて、人相学、手相学を研究した結果わかったこととして、リウマチは、笑顔のない人がほとんどだ、ということに気づきました。だからリウマチの症状が出た人は、ただひたすら笑うこと。**面白くなくてもバカ笑いをすること。そのほうが得です。**笑うと、脳内モルヒネであるβ《ベータ》ーエンドルフィンが出るのです。

余談ですが、人間の体内では、笑ったときに、ガン細胞を食べるという免疫細胞「ＮＫ細胞」（ナチュラルキラー細胞）が増えて活性化する可能性があるというので、あるお医者さんが、ガン患者さんを「なんばグランド花月《かげつ》」（大阪府）という演芸場に連れていき、芸人さんのお笑いライブを見せたところ、やはりＮＫ細胞は増えて活性化していたということです。それ以来、一部の医療関係者の間では「ＮＫ細胞」は別名「なんば（Namba）花月（Kagetsu）細胞」とも呼ばれているとか。

また、腰痛持ちの人の共通項というのは、「怒りっぽい人」「イライラする人」ということです。腰痛のもとは「怒り」と「イライラ」らしい。98％の人が怒りの心を失《な》くすと腰痛がなくなります。怒りの感情が表に出るか出ないかは関係ありません。体の中に怒りの感情が湧いて、仮にそれをぐっと押しつぶして外に出さなかった、夫にぶつけなかった、子供にぶつけなかったとしても、怒りが湧いてそれを溜《た》め込むと腰痛になります。怒りと痛みの量は同じらしいのです。

「自分は病気だからつらい」と思っている人は、矢印が逆。つらい、と言っていること自体が、病気を生んでいる可能性があります。

どんなときも絶対怒らない、どんな人をも許す、とにかく笑う……、などということを100％実践していけるわけないじゃないか、と言う人がいますが、「痛み」をかかえている人だからこそできるのです。**「怒ると痛いんだ」「笑わないから痛いんだ」という因果関係がわかれば、損得勘定として怒らなくなるし、笑うようになります。**

神経痛や痛風にも同様のことがいえます。これも神経が痛いからです。面白いことに、神経が痛いというのは2つの条件が重ならないと痛くなりません。神経がピーンと張っているということと、その神経をビーンと響かせる外的な状況があることとです。痛風の場合は、風が吹くとか、気温の変化とか、自分が聞きたくない一言とか。バカと言われたときに、「そうじゃないもんね」と思うことにより、その張り詰めた神経に対して外的な状況がビーンと弾《はじ》いたので、その痛みが神経痛や痛風という現象になるわけです。

外からどういう言葉を投げかけられるかとか、どういう気温の変化があるかというのは、自分には防ぎようがないのですが、防ぐ方法がひとつあります。それは、**張っている神経を緩ませてしまうことです。**すると、いくら外側からビンビンと弾いても、ぜんぜん響きません。

10年ほど前、70歳くらいの方が、夜中の2時に電話をかけてきました。医者にかかっても神経痛がちっとも治らない、ということでしたので、「神経を緩ませてください」と言いましたら、その人は「はあ?」と言っていたわけです。「神経を緩ませると痛くなくなりますよ」ともう一度言ったら、10秒くらい経《た》って「はあ……」と言って、その後20秒くらい沈黙が続きました。そろそろ切ろうかな、と思ったら「痛くなくなりました」。

この「緩ませる」ということの具体的な方法を述べておきます。実は**「許す」の語源が「緩ます」です。**神経を「緩ませていない」人は、人を「許さない」人ということであり、だから痛いらしい。「あなたがやっていることは他人に迷惑をかけていますよ」とチクチクチクッと空から痛みがやってくるのです。教えてくれているのです、緩ませなさい、と。緩ますことはイコール許すこと。自分に対してものすごく厳しい人も同様です。自分に対して厳しすぎる結果、体が「あなたの厳しさには耐えられません」と悲鳴を上げて痛みが起こっているようです。

また、自分で自分に厳しい人は、必ず、他人にも同レベルで厳しい。自分にとても厳しいのに他人にはとても寛容だ、という人はいないのです。自分が、朝ちゃんと6時に起きているのに、子供が7時、8時まで寝ていて遅刻しそうになるとすごく怒るでしょう。これに対して絶対に怒らない方法があります。子供は7時、8時に起きるんだけど、自分は9時にしか起きないようにすること。そうすれば絶対に怒らなくなります。「早く起きなさい！」と怒ろうとしたら相手はもう出かけていないですから。すると子供は自分でちゃんと朝ごはんを食べて出かけていくようになります。

人に寛容になるための方法は、自分を許すことです。したがって「いいかげんな人」になればよいのであって、自分で自分に甘い人になること。それが自分を許すということです。**自分で自分を許すことができたら、他人をも許すことができて、許すことができた人は、緩ますことができて、緩ますことができた人は、神経の痛みがなくなります。**簡単なことです。

日本人は体験的に、「許す」と「緩ます」が同じ源であることを知っていた結果として、そういう言葉を作ったのでしょう。ピーンと張っているということは、心も体も痛いんだということを知っている民族だったわけです。

ですから厳しくすることには意味がないのです。自分にも人にも厳しくて、一所懸命やって、体の中にガン細胞を作って……ということで「ばかみ隊」をずっとやっていくことになります。「ばかみ隊」の母親を持つ子供もまた「ばかみ隊」になり、そういう教育がずっと延々受け継がれていきます。**自分が緩むことができて、子供にも夫にも姑《しゅうとめ》にも友人知人にも寛容になれた人は、「らくみ隊」の一員に移行することができます。**「らくみ隊」にはたくさんの別荘（たのし荘、うれし荘、幸せ荘）が用意されています。

第2章

「努力しない」のが得

04

夢も希望もない暮らし

努力をしなければ、楽で楽しい人生

夢や希望を捨ててはならない、というのは
学校教育や社会の中で
洗脳されてきたのに
すぎないのかもしれません。

人間は、「A型人格」と「B型人格」とに分かれます。はじめに断っておきますが、血液型の話ではありません。人格上の話を便宜的にA型、B型という系統に分けて話を進めます。

「A型人格」の特徴を述べます。

責任感が強い。
正義感が強い。
使命感・義務感が強い。
自分で自分に対してすごく厳しい。
他人に対しても同じように厳しさを要求する。
お風呂はかなり熱めが好き。
コーヒーはブラックが好き。
ウイスキーを飲むときはストレート。
カレーは激辛が好き。
うどん・そばを食べるときは、七味唐辛子をたくさんかける。

音楽はロック系が好き。
目と目の間が狭い。
耳たぶがなくて切り立っている。
口がへの字。
眉間にシワが寄っている。

「B型人格」の特徴を述べます。

競わない、比べない、争わない。
協調性に満ちている。
コーヒーを飲むときはミルクと砂糖をたくさん入れる。
ウイスキーを飲むときは水割り。
カレーは甘口が好き。
うどん・そばを食べるときは、七味唐辛子は入れない。
お風呂はぬるい温度が好き。

いつも笑顔。
目と目の間が離れている。
口の口角が上がっている。
耳たぶが垂れ下がっている。

「B型」の人は、要するに緩んだ系統の人。

「A型」の人は、厳しいタイプであるということです。小学校、中学校、高校、大学、会社、さらにその延長線上のところで自己啓発セミナーというのがありますが、これらはすべて「A型人間」を作るための教育システムです。そして、人間が生きるのに、「B型」のほうが本質だと言う人はほとんどいません。偉い先生はみんな、どうして「A型」をどんどんやっていかないのかという話ばかりですが、**小林正観は「いいかげんな人になりましょう」と言っている日本で数少ない変な人です。**

ガンになって死ぬ人、体を痛め、臓器がひどい状態になっていく人は、「A型人間」が多いようです。では、「神様がA型の人にだけそのようにするのは不公平じゃないか」と思う人がいるかもしれません。それでは今、この瞬間に、「B型」に移行してみては。「A型人間」をやめればいいのです、今この瞬間から。

「A型」の人は、宇宙が方向づけた人間の生き方、在《あ》り様《よう》と違うので、だから体がつらい状態になったりするらしい。

3ヶ月に1度、私のところに宇宙からくるメッセージというのがあります。3、6、9、12月の8日の年間4回、プラス不定期で1回くらいきます。そんなバカなことがあるわけないじゃないか、と言う人がいると思いますが、私もそう思いました。ただ頭の中になんの脈絡もなくポンと浮かんだ言葉をノートに書きとめていたのですが、それを30年間続けてきて、あるとき「周期的に、しかも決まって8日という日にくる」ということがわかったのです。ですから、私個人がふと思った、とか、インスピレーションというようなものとも違う、どこかからのメッセージととらえることにしました。

その中にこういうものがありました。そのメッセージとは、

「〝努力〟の反対語は、〝感謝〟である」

「感謝」に対立する概念が実は「努力」である、というのです。

「〝努力〟の反対語は〝怠慢〟だ」と、従来の〝教育〟では教わってきました。そして「A型人間」の基本的価値観が「努力」というもので、努力しない奴《やつ》はバカだ、クズだ、

と教えられてきたのです。ところが、私の〝おかげさま〟が教えてくれた解説を述べておきますと、「努力というのは、自分の力しか信じないということ」。

　自分以外のものは信じないという考え方が「A型」の人です。だから、努力すること、頑張ること、必死になることにしか、価値がないと思っている。つまり、自分の人生を作っているのは自分だ、という、おごり高ぶり・うぬぼれ・傲慢です。そういう人は、自分の体の外側のものを全部敵にまわしても努力を続ける。

　夢や希望を持たなければならない、と私たちは言われ続けてきましたが、夢や希望に満ちあふれている人生というのは、常に今の自分を好きになれず、「まだまだ、もっともっと」と、死ぬまで言い続ける、満たされない人なのではないでしょうか。そういう人生が楽しいという人はそれでいいのですが、ただ、夢や希望を捨ててはならない、というのは学校教育や社会の中で洗脳されてきたのにすぎないのかもしれません。**私は、「夢も希望もない暮らし」をしていますが、そのほうが楽で楽しい人生になっています。**

　そして学校教育は、そういう「夢や希望に満ちあふれた」人間をどんどん作っていって、疲れさせて……ということだったのかもしれません。その通りにみなさんは生きてきた。しかし、どうも神様はそういう方向で人間を死なせるということを好んではいないようです。

かく言う私自身が昔はガチガチの「A型」のタイプでした。しかし、30歳のときに結婚して、33歳のときに、一人目の子供として知的障害児をいただきました。この子は、努力することもしないし、頑張ることもできないし、必死になることもできません。**ただこの子はニコニコ笑って家にいるだけで、でもそれだけで周りの人間はすごく心が安らいで、楽しくて幸せになってくるのです。**この子は、努力もしない、頑張りもしないので、「A型」の価値観でいったらまったく価値がないことになります。でも実際は、この子がいてくれることがとても幸せで温かく、周囲の人たちをことごとく優しい心に変えてきた。ということは、本当の人間の価値とは、「A型」のほうではなくて「B型」のほうじゃないんですか、と、この子が教えにきてくれたのです。そして、この子と22年間付き合っているうちに、ついに、決定的に私の心の中が変わってしまいました。

人間は、頑張るために生まれてきたのではなくて、喜ばれるために生まれてきたらしい。人は、一人で生きているときは「人」。人間は人の間に生きているから、「人間」なのです。人の間で、何かを頼まれて、それをやってあげて、ありがとうと喜ばれるということがなければ、自分一人で頑張って達成目標に到達したって意味がない。単なる「エゴ」かもしれません。

私は、全国各地から頼まれて講演会をしていますが、「使命感のなさ」にはかなり自信を持っています。ただ頼まれたからお話をするだけです。そして、何百人という人の前で話すときも、まったく緊張しません。自分が「たいしたものではない」と知っていますから。**人前であがってしまうという人は、自分で自分を、ちゃんとした人であるように見せたい、たいしたものだというふうに見せたいと思っているからではないでしょうか。**また は、使命感を背負って「ちゃんとした話」をしようと意気込んでいるせいかもしれません。

努力して頑張って達成目標に向かっているというのは、実は、ものすごく寂しい人なのかもしれません。頼まれごとがないから、自分で達成目標を打ち立てないと寂しくて生きていけないのかもしれない。

ところで「B型人間」の根幹をなすものは「感謝」です。「私」の力を頼りに「私」だけがやっていくんだ、というのが「努力」ですが、「私」の力なんかまったくない、周りの人によって初めて「私」は生かされていて生きていくんだよね、と気づくことが「感謝」です。

自分の力で頑張って努力している人の力量は〝1〟。そして、**100人の人に「ありが**

とう」と手を合わせていくと、なんと、その力量は〝100〟になるわけです。「ありがとう」と言われた人が敵にまわるわけはないから、100人に言えば100人の味方を得ることができます。さらに、もし500人に「ありがとう」と手を合わせることができたら、500の力をいただくことができます。もし1000人の人に「ありがとう」と言うことができたら、1000人の力を得ることができます。「せんにん」は「仙人」ですから、山を駆け上がったり、雲の上に登ったり、それはもうすごいことができるということになる。

結局、自分の力を頼み、自分の努力だけで一所懸命やっているという人は、実は、いちばん効率的には損をしているのかもしれません。頑張って必死になって、体をボロボロに壊して、なかなか成果が出てこない、これを「ばかみ隊」といいます。そして、頑張らなくていい、必死にならない、そして体もぜんぜん悪くならないで**ニコニコ感謝しながら、1000の力、1000の力で、自分の周りのものに押し上げていただいた結果として、どんどん成果を得る、このような人生を選ぶ人を「らくみ隊」と呼びます。**

為《な》せば成る　為さねば成らぬ何事も　成らぬは人の　為さぬなりけり

という言葉は、米沢《よねざわ》藩主（現在の山形県）の上杉鷹山《うえすぎようざん》公の言葉で、日本の軍人がずいぶんと好んだ言葉でした。ただ、自分の力だけを信じて、自分以外の人・もの・現象の力を信じない、感謝もしない人は「ばかみ隊」かもしれません。

「努力」の「努」という文字は、奴隷の「奴」に「力」ですから、嫌がる者にむりやり力を出させるという意味を持つ象形文字です。嫌だ嫌だと思いながらやっているので、その想念が、宇宙に向かって飛び交います。すると、宇宙が敵にまわる。好きでやっていることは、「努力」とは言いません。

自分がありとあらゆる友人知人に世話になりながら生きているとき、その人たちの協力のもとで初めて成り立っている、「私」の力なんか、「ちょっとある」のではなくて「ほとんどない」のでもなくて「まったくない」。全部おかげさまであるということに気がついてしまったら、いつもニコニコしながら「ありがとう、ありがとう」と言うことになります。その「ありがとう」を言われた人はみんな「私」の味方になってくれる。

だから自分の努力はどうでもいいから、**持っているエネルギーをすべて「ありがとう」に使ったほうが得**、というのが私の結論です。

05

「しあわせ」の意味

ただ生活の中に幸せを感じるかどうか

同じ現象を、
ただ喜べるかどうかを
考えているだけで、
まったく違った人生になります。

「幸せ」という現象が独立して存在することはありません。ただ生活の中に幸せを感じるかどうかだけです。

たとえば何人かで旅をしたときに、みやげ物店で400円のキーホルダーを買いたいと思ったとします。そばでもう一人の人が、同じように400円のキーホルダーの中からひとつ買おうとしているとします。そこで私の提案。あなたの400円で、私のキーホルダーを買って、とお願いをする。そして私の400円でその人の欲しいキーホルダーを買ってプレゼントしてあげる。すると、出している金額は同じでも、自分で自分のためにものを買ったのではなくて、人から買ってもらった。そして、その人の欲しいものを買ってあげたことになります。

同じ現象を、ただ喜べるかどうかを考えているだけで、まったく違った人生になります。**楽しいこと、人、ものというものを追い求めなくても、日常生活に幸せを感じられるようになるのです。**

「しあわせ」の語源は「為《な》し合わせ」です。「仕合わせ」ともいいます。お互いにしてあげることが、「しあわせ」の語源であり、本質です。

06

正岡子規《まさおかしき》

「どうするか」を考えない生き方

死病をも笑い飛ばして、問題を問題としない、
力を抜いた生き方のできる人が
本当の〝強靱《きょうじん》な精神力〟の
持ち主ではないでしょうか。

文学史の教科書を見ると、夏目漱石《なつめそうせき》の俳句の師匠は正岡子規ということになっています。実は、子規と漱石は東大の同級生でした。二人ともほとんど授業には出ていなくて、たびたび東京・上野《うえの》の寄席に通っていたのです。漫才や落語を中高年に交じって聞きに行っていた二人は、非常に仲のよい友人でした。

「漱石」という名前を考えたのも子規です。はじめは、自分用のペンネームとして「漱石」というのを考えていたのですが、それをこの友人（本名は夏目金之助《きんのすけ》）に贈ったのでした。

中国の古典に、「漱石枕流《ちんりゅう》」という故事成語があります。「漱石」とは「石で口を漱《すす》ぐ」という意味です。「石で口を漱ぎ、川の流れを枕とする」、という四字熟語からとったものでした。しかし本当は、「漱流枕石」つまり「流れに口漱ぎ、石に枕す」が本来の正しい言葉で、大志を抱いたものは、家や収入がなくても、自然の中で朝は川の水で歯を磨き、夜は石を枕にして眠るというストイックな暮らしをしながら努力してやっていくのだ、という思想を表現しています。その言葉を、中国の戦国時代の隠遁者《いんとんしゃ》がある王に語ったときに、「漱流枕石」と言うべきところを、間違えて、「漱石枕流」とさかさまに言ってしまった。それで、王がすかさず間違いを指摘すると、隠遁者はしまったと思いながらも間違いを認めずに、「いや、本当の聖人たるものは、石で歯を磨き、浮き世のくだらない流言を聞いた耳を川の流れで洗うのだ」と言い張ったのです。この中国の故事から、強弁してわけのわからないヘリクツをこねることを、「漱石枕流」ということになったのでした。

ちなみに、「さすが」という言葉に「流石」という文字をあてたのもこの故事からきています。「さすがにうまく言い逃れたね」というわけです。子規は、中国の古典の面白さを解するこの寄席通いの友人に、あなたは漱石と名乗ったらどうだ、と言ったのです。

二人とも後世に名を残す偉大なる文豪ですが、**本人たちは自分のことをぜんぜんろくなもんじゃないんだと笑い飛ばし、むしろバカにされることに甘んじていました。**自分たちのやっている文学というものはどうせたいしたものじゃない、「漱石枕流」の隠遁者同然の、負け惜しみでしかないんだという諧謔的《かいぎゃくてき》なユーモアの持ち主だったのです。

そして、子規という人物が、健康で普通の生活を送っている人なのだったなら、このようなユーモアが出てくるのもわかるのですが、彼は、34年間という短い生涯のうち、後半生はほとんど病床に臥《ふ》していた人です。当時は死病といわれていた肺結核をこじらせて脊髄カリエスを患っていました。

正岡子規の子規とはペンネームで、ホトトギスのことですが、その鳥の名を自分のペンネームにしたのは、肺結核でいつも血を吐いていたことに由来しています。「鳴いて血を吐くホトトギス」というのは、ホトトギスという鳥は口の中が真っ赤だからです。自分はホトトギスみたいにいつも口の中は血で真っ赤だ、というブラックジョークでした。

子規は、俳句の世界において「写生」という写実主義文学の方法を提唱した人で、感想を一切排除し、客観的にありのままを俳句に詠もうというのが、子規の俳句に対する考え方であり、当時は非常に革新的な説として大きな影響を与えました。

「柿くへば　鐘が鳴るなり　法隆寺《ほうりゅうじ》」の句は、子規が28歳のときに、病床を抜け出して一人で奈良に行ったときに詠んだものです。結核菌が脊髄の中に入り込むという脊髄カリエスの激痛に常時苦しみ、結局34歳でこの世を去りましたが、その痛みについてはほとんど何も書き残していません。この句は、旅の途中で痛みに耐えながら詠まれた句とは思えないほど、人の心を癒やすものであり、痛み、嘆き、死への恐怖というような内面の問題は一切句の中に投影しないという子規の文学論を実践しているように思えます。

彼の文学論や生き方は私の「見方道《みかたどう》」と通じるものがあります。

死と隣り合わせで血を吐く自分の姿をも笑いのタネにし、痛みや嘆きというものを句の題材にしなかった子規という人は、いわば〝強靱な精神〟を持った人といえるでしょう。

強靭な精神力とは、ボーッとすること。何も感じない自分を作ることとです。

私たちは、「問題を認識したうえで、どうするか」を考えます。しかし実は、それでは永遠に問題はなくなりません。では、「問題を認識したけど、気にしない」と思うことにしたとする。それでも、「見方道」としてはまだまだなのです。子規のレベルにはまだぜんぜん到達していません。**本当に〝強靭な精神力〟を持つには、「問題を認識しない」こと。**

強靭な精神力とは、「強くなる」方向に努力して頑張って手に入れるものではないということです。子規のように、死病をも笑い飛ばして、問題を問題としない、力を抜いた生き方のできる人が本当の〝強靭な精神力〟の持ち主ではないでしょうか。

07

賢者の石

「超能力を使って相手を変えよう」と思わない

超能力を使える状態になった人は、
もはや「超能力を使って
相手を変えよう」という気が
起こらなくなっているということです。

「スプーン曲げ」という現象がありますが、テレビに出てきて、必ずいつも100%曲げることができるというのは、〝マジック〟です。なぜかというと、曲がることがわかっているから。そういう人たちは超能力者ではなくマジシャンと呼びます。「今日は曲がるかどうかわからない」と言っている人は本物かもしれない。曲がるときもあるけど、曲がらないときもある、という場合は、その人は超能力で曲げている可能性がある。

イライラしていると曲がらない。そして、幸せで満ち足りていて、喜びにあふれているとき、楽しいときに曲がる。どうしても曲げなくてはいけない、と一心に念じて、〝ねばならない〟と思ったときには曲がりません。曲がらなくてもかまわないけど、曲がったら嬉しい、楽しい、と、喜びだけを上乗せして、曲がることにこだわらないでいると、曲がる。そういうとき、人間の脳からは、金属をも溶かすものすごい念波が出るらしい。これを宇宙語で「ギマネ波」と呼ぶそうです。

目の前の人が、怒鳴り続けていてかまわないけれど、でも**笑顔で穏やかになってくれたら嬉しい、楽しい、ありがたい、でもそうならなくていいけどね、というふうに想念を送ると、念波が出る。**自分の周りの、イライラしている上司、父親、姑をなんとかしたいと悩む必要はなくて、怒鳴られている「私」が、イライラしていたから、その人を変える力がなかっただけ。自分が超能力を発揮するためには、イライラしないこと。自分が過剰に反応してイライラしていたから、超能力を発揮できなかっただけなのですから。

ある人と結婚したいと思っているのだったら、「私と結婚してくれなきゃ嫌だ」と思っているときは、ギマネ波は出ていないので超能力は使えない。そうならなくていいけど、**自分に惚《ほ》れてくれたら嬉しい、楽しい、でも惚れてくれなくてもいいけどね、と喜びの上乗せだけの想念を送っていると、なんと惚れさせることができる。**相手の脳細胞を変えることができるのです。そういう「力」が人間にはある。

そして、まったくイライラしないで自分のギマネ波を自在に使いこなすことができるようになって2～3年経つと、あることに気がつきます。

自分の脳波によって、人間関係を変えることができるということがわかってくると、変えたいと思うことがなくなってしまう。相手がどんな人であってもイライラしない人は、もはや相手を変えたいと思わなくなるからです。相手や状況を変えて自分の心地よさを作る必要がない。

したがって、**常に笑顔でニコニコしていることが自分にとっての損得勘定だとわかると、もはや相手を変えたいと思う感覚が起きてこなくなるのです。**この人はこの人でいい、と思えるようになる。そうなったらものすごく楽になり、楽であると同時に、超能力が使えるようになっています。

でも使える状態になった人は、もはや「超能力を使って相手を変えよう」という気が起こらなくなっているということです。ただ気づくと周囲の人間関係がすべて穏やかで楽しいものになっています。「この問題を解決するために、ギマネ波を使うぞ」と思っている人は、まだ超能力の2歩くらい手前にいるのです。

『ハリー・ポッター』という映画に出てくるオールマイティーの力を持つ「賢者の石」は、それを見つけても使おうと思わない者だけが、手に入れることができるというものでした。魔術学校の校長先生が、のぞき込んだ人の心にある願望を映し出す「みぞの鏡」の中に隠し、ハリー・ポッターのポケットの中に移動する魔法をかけておいたのです。

私たちの「賢者の石」も、いつのまにかポケットの中に入っていたとしても気づかないものなのかもしれません。

第3章

「判断しない」のが得

08

天気の悪口

すべての現象は空っぽ、ゼロ（中立）である

現象はすべて「ゼロ」であり、
そう思う心があるだけ
という見方をすると
楽ですよ。

「寒いので暖房を強めてくれませんか」と言うのは、コミュニケーションとしての言葉ですが、朝起きて「わあ、寒い」と言うのは、〝天気の悪口〟です。

「今日は天気が悪いわね」「寒いね」「暑いね」という言葉は、単に客観的事実を述べただけだ、と言う人がいます。しかし本当にそうでしょうか。「天気によいも悪いもなく、そう思う心があるだけ」というのが客観的事実というのです。

江月《こうげつ》照らし松風《しょうふう》吹く　永夜《えいや》の清宵《せいしょう》　何の為す所ぞ

という禅の証道歌《しょうどうか》（唐《とう》の永嘉大師玄覚《ようかだいしげんかく》が作った詩、247句。禅宗では初学者にこれを提唱する）の中の2句があります。「入り江に月は照り輝き、松の木の間に風がさわやかに吹きわたる。永遠を感じさせるこの夜、清らかな宵、このような素晴らしい自然とはいったいなんのしわざであり、なんのためにあるのか」というような意味です。

この問いかけは反語で、このように問いかけること自体を戒めている句です。つまり、このように素晴らしい風景すら、実は何も理由なく存在している「ゼロ（中立）」の現象。

ゼロのものに人間がプラスやマイナスの評価をしている。自然の淡々とした営みに対し、

いかに人間が色をつけて思いを持って生きているかということです。同様に雨が降ったからといって嫌な気分になるのも、人間のそう思う心があるだけなのだ、ということです。

人間をコンピューターにたとえると「今日は天気が悪い」「寒い」「暑い」というのは客観的事実だ、というフロッピーディスク（編集部注＝コンピュータの記録メディアのひとつ）が頭の中に入ってしまっている方々がいるのですね。

私は、たくさんの方から人生相談を受けますが、現象はすべて「ゼロ」であり、そう思う心があるだけという見方をすると楽ですよ、と申し上げています。

私は宗教者ではありませんが、数年前、釈迦《しゃか》の「色即是空《しきそくぜくう》、空即是色《くうそくぜしき》」という言葉の意味が理解できたかな、と思ったとき、頭の中が「すべての現象は空っぽ、ゼロ（中立）である」というフロッピーに入れ替わりました。「喜怒哀楽の感情があり、煩悩を持ち、弱く不完全な存在が人間なのだから、気に入らないことがあったら愚痴や文句を言うのは自然なことだ」というフロッピーから**「私の周りで起きることはすべて私のそう思う心があるだけ」**というフロッピーに入れ替えたのです。

フロッピーが入れ替わっていない人は、往々にしてそれらの何気ない言葉が、実は天気に対して愚痴を言っている。空に向かって「あなたのやっていることは気に入りません」

と不平不満、愚痴、悪口、文句を投げかけている、ということです。「ゼロ」の現象をわざわざ「マイナス」にとらえ直しているだけ。

言ってもしょうがないことを言い、目の前の現象に否定的な感想を言って楽しいのならどうぞ、というのが私の答えですが、毎日の天候についてすら否定的な感想を言ってしまうのですから、ましてや家族関係、職場の人間関係、仕事、恋愛、その他自分をとりまくすべての事象について淡々としていることはなおさら難しく、「問題」を探し出してしまうので、永遠に悩み苦しみがなくならないのです。

09

神様の使いこなし方

地球や宇宙を味方につける

地球や宇宙のリズムと合っている人の共通項は、常に口から出てくる言葉が肯定的な言葉であること。

何があっても「五戒《ごかい》」(不平不満、愚痴、泣き言、悪口、文句)を言わず、口から出る言葉がすべて優しく、温かく、楽しく、周囲の人を元気にするものであるという人になれば、地球や宇宙を味方につけることができます。

「地球や宇宙を味方につける」とは、自分と地球や宇宙とのリズムが合っている人という意味です。たとえば、信号を渡ろうとして横断歩道にさしかかったとき、ちょうど信号が青に変わる。また、スーパーのレジで会計をするとき、小銭入れの一円玉の数がぴったりちょうどだった、というようなことがいつも起きている人のことを、「地球や宇宙のリズムとその人のリズムが合っている」といいます。換言すれば、〝ツイてる〟ともいいます。

反対に、信号を渡ろうとして横断歩道にさしかかったとき、それまで青だったのに赤に変わってしまう。また、スーパーのレジで会計をするとき、一円玉がないどころかコインがすべてなくて、大きいお札しか残っていない、というようなことがいつも起きている人は、地球や宇宙を敵にまわしている人です。そういう人は、やることなすことが、いちいちめんどくさいことになってしまう。〝ツイてない〟人生ということです。

地球や宇宙のリズムと合っている人の共通項は、常に口から出てくる言葉が**嬉しい、楽しい、幸せ、愛してる、大好き、ありがとう、ツイてる、**などの肯定的な言葉であること。

反対に、地球や宇宙を敵にまわしている人の共通項は、つらい、悲しい、つまらない、嫌だ、嫌い、不平不満、愚痴、泣き言、悪口、文句などの否定的な言葉を多く言っているということです。そして、外に出て何気なく天気への不満を言っている間は、否定的な評価、論評をする癖がついたままです。どんなに一所懸命生きているつもりでも、宇宙は味方になってくれません。

以前、友人たちとドライブをしていたときのことです。カーブを曲がったらいきなり夕焼けが広がっていて、とてもきれいな風景だったので、「わあ、きれい」と同乗している人たちが言いました。しかし「こんな夕焼け普通ですよ。いくらでもどこにでもありますよ」と言った人が一人だけいました。

これについては、問題が2つあります。人がきれいだと言っているのに対して、わざわざ否定的な感想を言わなくてよいということです。もうひとつは、頻繁にあるからといって喜ばない理由にはならない、ということ。

彼はその後、ある女性とお見合いをし、「つまらない人」と言われて断られました。そのように、人生のいろんなことがうまくいかないのは、地球や宇宙を敵にまわしている可能性があるのです。

10

だから何？

「気にしない」から「気にならない」へ

相手を変えようとか、
自分の目の前の現象を変えようと
思っているうちは、
問題は解決しません。

目の前の現象を自分の思い通りにできないことが「悩み」だと思っている人が大多数でしょう。自分が向き合っている現象に対して思い通りにならない、つらい、悲しい、という感想を言っているわけですが、**実は現象は「ゼロ」。幸も不幸も、そう思う心があるだけ。自分の〝思い〟をなくせば「悩み」は消えてなくなります。**

雨が降ったときは、洗濯物が乾かなくて困る、晴れたら、紫外線対策をしなくちゃいけない、というふうに考えていた方がいらっしゃいました。それを、私の話を聞いて、雨が降ったら紫外線対策をしなくてよい、晴れたら洗濯物がよく乾く、と思えるようになった、と言ってくださったことがあります。

結局私たちは、「ゼロ」の現象を、自分の感覚で感想を言いながら、評価、論評しながら、気に入らないと言っているだけです。その基礎的なとらえ方のフロッピーを入れ替えないかぎりは、人生はつらいことばっかりですよ、という事実に唯物論として気がついたのです。これは観念論の話ではなくて、そうなっていますよねという話です。**現象は「中立」なのだから、それを肯定的にとらえよう、**というだけのことです。

中には、「肯定的なとらえ方ばかりなんて簡単にはできないですよ」という人がいるのですが、それはもはや相談じゃなくて、からんでいるだけ。そういう方には私はいつもニッと笑って「別に、私はお願いにきているわけではありませんから」とお答えします。「簡単にできないなら、どうぞ、今まで通りにやっていってください」

相手を変えようとか、自分の目の前の現象を変えようと思っているうちは、問題は解決しません。宇宙にはもともと問題はないからです。問題はないのに「私」が問題だ問題だと言っているだけなのかもしれません。

実は以前、『で、何が問題なんですか？』（弘園社《こうえんしゃ》、現在は清談社《せいだんしゃ》Publicoより刊行）という題名の本を書きました。この言い方は今思えばとても丁寧な言い方をしているわけで、最近はもっと短くなってきました。**「だから何？」**。

一応、三次元（私たちが生きている世界）的な話として、問題解決方法には次の3通りがあります。

①目の前の人・もの・現象を、自分の気に入るように作り替える
②逃避
③我慢

このような方法のほかに、四次元的解決方法というものがあります。それは、「気にしない」というものです。そのためにはボーッとすること。

さらに、**五次元的解決方法があって、それは「気にならない」というものです。**これはフロッピーを入れ替えればいいのですね。それを表現した言葉が「で、何が問題なんですか?」であり、短縮形が「だから何?」です。

いろんな問題をかかえていて、こんな職場の人に囲まれていて、上司が厳しい人で怒って怒鳴って……どうしたらいいんでしょうっていう質問をよくされるのですが、私の答えは「だから何?」。

「辞めたいんですか?」と聞くと、

「いいえ辞めたいわけじゃないんです」

「辞めたくないっていうことは勤めていたいんですね」

「勤めていたいんですけど上司がこんな人で……」

「じゃ辞めたいんですね?」

「いや、辞めたくはないんですけどひどい人ばかりで……」

「だから何?」

結局、辞めたくないんだったら文句を言わないでやればいい。辞めるんだったら文句を言わないで辞めればいい。どちらかです。どちらにしても、文句を言っていること自体がいちばん問題なのです。

愚痴を言って泣き言を言って宇宙に不平不満を投げかけていることが、結局は自分にとってものすごく損。投げかけたものは返ってくるので、辞める辞めないよりもそっちのほうが重要な意味を持ちます。

好ましいものに囲まれていない、という人は、自分が投げかけたものが好ましいものじゃなかったということです。いい思いをしたい、お金を儲《もう》けたい、ということばかり考えている人は、何も投げかけていません。むしろエゴという名のエネルギーを投げかけている。だからエゴのかたまりに囲まれることになるのです。

喜ばれるように生きていくと、喜びに囲まれることになる。簡単な構造です。どうも自分の人生が楽しいほうへ展開していかない、という人は、楽しいものを投げかけていないからです。だからイヤイヤやっている仕事はダメ。イヤイヤしか返ってきません。楽しくてやっている仕事は、はじめは収入が少なくても、そのうち必ず楽しくてしょうがないような状況に囲まれるようになります。好きでやっているのだったら寝食を忘れてやっていられるのだから、膨大に投げかけることができる。そして将来、膨大に返ってきます。

同様に、夫が気に入らない、と夫の悪口を言っていることのほうが問題。夫の悪口を言っているヒマがあったら、どっちかに決めたほうがいい。**別れたいなら別れる、別れないなら別れない、まず愚痴や泣き言、悪口をやめること。**

迷っていることがあって相談にきているのか、愚痴、泣き言、悪口を言いにきているのか、をちゃんと分けたほうがいいのです。で、愚痴、泣き言、悪口、文句、不平不満、恨み言葉、呪い言葉を言いたいのだったらそういう仲間を見つけて言い合えばよい。しかし、言えば言うだけまたその言葉を言いたくなるような現象が降ってきます。

11

打ち出の小槌《こづち》

言葉はオールマイティーの力を持っている

「ありがとう」を
年間1万回言ったとしたら、
また「ありがとう」と言いたくなるような
現象が、1万個降ってきます。

自分の口から出てくる言葉は、「言えば言うだけもう一度それを言いたくなるような現象が降ってくる」というのが、宇宙の法則です。

新約聖書の『ヨハネによる福音書』の「はじめに言葉ありき。言葉は神とともにあり。言葉は神なりき」という一節は、実は、人類創世期の描写ではなく、普遍的な宇宙方程式であるらしいのです。

「嬉しい、楽しい、幸せ、愛してる、大好き、ありがとう、ツイてる」というような喜びの言葉を言っていると、またその言葉を言いたくなるような現象が自分の身を取り囲む。そして、その数が多ければ多いほど本人が考えつかないくらいすごい喜びの出来事が起こり始める。そうなると人生が楽しくてしょうがないですよ、ということです。逆に、「世の中はそんなに甘くない」と言っていると、いつまでも「甘くない」状況に囲まれるということです。

そういう単純な方程式を言っているわけで、「肯定的な言葉をいつも言えるような心の美しい人にならなければいけない」という話ではありません。このことは以前『楽に楽しく生きる』（弘園社、現在は『宇宙法則で楽に楽しく生きる』として廣済堂《こうさいどう》出版より刊行）という本で書いていますが、これを読んだ方から次のような質問をされました。

「念ずれば思いは叶《かな》う、ということを自己啓発セミナーで聞きました。それと同じですね？」

ぜんぜん違います。私の話は根性型自己啓発セミナーの教えとは180度違うのです。その方は、「ナンバーワンになりたい、と言っていればナンバーワンになれるということですね？」とおっしゃいました。そうではありません。「ナンバーワンになりたい」と言っていると、来年もまた「ナンバーワンになりたい」と言っている状況が続く。すなわち永久にナンバーワンにならない、ということです。言葉が現象化するとはそういうことです。「～になりたい」と言い続けて幸せになった人はいません。

私が把握した宇宙法則には、自己啓発セミナーで教えているような、「思い続ければ夢は叶う」というものはないようです。「ありがとう」を年間1万回言ったとしたら、また「ありがとう」と言いたくなるような現象が、1万個降ってきます。**「ありがとう」の内容はわからないけど、ただ「ありがとう」と言いたくなるような現象が用意されるのです。**

「～になりたい」「～が欲しい」と叫んでいる人は、自分の欲望の通りになってほしいという思いがあります。それでは宇宙方程式は使いこなせない。顕在能力（能力全体の15％領域）にとどまっている間は、この「打ち出の小槌」は振れないのです。**「打ち出の小槌」**

は実は自らの言葉だった。「言葉は神なりき」。言葉はオールマイティーの力を持っているということです。

実践してみればわかることですが、考えてもわかりません。やってみた人だけに、とんでもないほど楽しい人生が始まるのです。

第4章

「不満を言わない」のが得

12

超能力を使いこなす

言葉にセットされているプログラム

私たちの体は、
原子変換ができるという
ものすごい奇跡のかたまりらしい。

フランスのある科学者が、ニワトリにカルシウムを与えなかったらどうなるか？ という実験を3ヶ月間行いました。その結果、カルシウムのついていない卵、つまり殻がついていないぷよぷよの膜だけの卵を産むようになりました。ニワトリが3ヶ月後に殻なしの卵を産むようになったということを確認した上で、カルシウム（Ca）の元素記号上ひとつ手前のカリウム（K）をエサの中に混ぜて与えたところ、1ヶ月後、なんとすべてのニワトリがカルシウムのついた（殻のついた）卵を産むようになったそうです。

元素周期表を見てください。地球上に存在する元素の組み合わせで物質が組成されているという話はみなさんご存じですね。

そして、19番のKがカリウム、20番のCaがカルシウム。元素とは、もともと地球上に単体で存在していて、それぞれが違うものであって、物質はそれらの組み合わせによってできている。つまりこれ以上分解できないものが元素です。

この実験から、なんと「鳥の体の中で原子変換がなされている」ということを、この科学者は証明したのです。つまり、カリウム（19番）が、なんとカルシウム（20番）になってしまった、ということなのです。

もともと核融合というのは1億度くらいの温度でないと起こらない現象です。たとえば太陽は、核融合しながらずっと燃えている。物質が燃えているわけではなくて、核融合だから、延々と続いているわけです。

ニワトリは、体温が41度ほど。人間と4度しか違わないのですが、その温度でカリウムがカルシウムに変換してしまうということは、宇宙の奇跡。そして、その科学者が論文に書いて発表したものが、ノーベル生理学・医学賞候補にノミネートされたほどです。

実は、ニワトリが体内で核融合をする、「原子変換」機能を持っているということは、もっと高度な機能を持つ人間にも、同様の能力があるということではないでしょうか。

目の前にあるものについて、「これ食べると太っちゃうのよね」と言いながら食べていると、その通り太る。**「何を食べても絶対に太らないのよね」と言いながら食べると、太らない。**そういうプログラムが体内でセットされているからです。私たちが普段何気なく発している言葉や思いに、体は従属しています。カチッと音がして、体内の「原子変換装置」が働き始めるようです。

私たちの体は、原子変換ができるというものすごい奇跡のかたまりらしい。それを動物は意識しませんが、人間は唯一、意識しながらできるという、動物界の最頂点に存在する動物なのです。

みなさんはこれから、「バカ」だの「アホ」だのと言われたときに、にっこり笑って「嬉しい。私にとってその言葉はエネルギー源です」という原子変換装置をセットすればよい。ニワトリが「カリウムをカルシウムに変えよう」というプログラムを持っていたのとまったく同様のことが人間にも可能です。そのような言葉を言われたら、**「私」はそれを全部エネルギーにして、グリコーゲンにしてどんどん元気になる、とプログラムをセットすることにしましょう。**今この瞬間から。

言葉は、自分のフィルターを通して自分の中に入ってくるのですから、「バカ」だの「アホ」だの「ドジ」「クズ」「マヌケ」と言われて、一般的に他の人がどう思おうと関係ない、自分はそれを聞いてニコニコしていられるだけでなく、感謝することもできる。そのように自分でセットするとなんでもなくなってしまう。全部を栄養にし、エネルギーのもとにすることができる。

今までみなさんは、自分の体内の「原子変換装置」をぜんぜん使わないで、「私」の外側の状況が悪いだの不幸だのと文句や愚痴を言ってきました。そして言われたものはすべて敵にまわっていた。

実は、**自分の体の外側の問題ではなく、受け入れる側のプログラムの問題だったのです。**

13

すべてが「健康食品」

「まだ40歳」か「もう40歳」か

「私の体の一部になってくれてありがとう。
栄養になってくださってありがとう」
と手を合わせ、なんでも笑顔で
バリバリ食べている人は、意外に元気なのです。

世界一長寿といわれた泉重千代《いずみしげちよ》さんが、テレビのインタビューを受けていました。長寿の秘訣《ひけつ》は？　との問いに、くよくよしないこと、というお話で長寿の方々はみなさんそのようです。

そしてさらに、インタビュアーが次のような質問をしました。

「まだ女性に興味はあるのでしょうか？」

すると、「当然ある」とのお答え。

「どんな女性が好みですか？」

「わしは、年上の女性が好みじゃ」

と言ったそうです。自分が世界一長寿といわれていることを認識していない。

もうひとつの例を挙げます。

きんさんぎんさんという双子で100歳を超えた長寿の方がいらっしゃいました。この方たちがテレビのコマーシャルに出演したとき、出演料の3分の2は寄付し、3分の1は預金したとのこと。「預金はなんのために？」とたずねられて、こう答えました。

「老後のため」

二人にとっては、100歳を超えても「老後」はきていないということなのですね。長寿の人の共通項は、自分が「年をとった」との認識をしていないことです。

アメリカのある大学の心理学研究チームが、「私はまだ40歳」と言った人1000人のグループと、「私はもう40歳」と言った人1000人のグループを追跡調査し、その2000人の没年齢を調べました。

その人たちの平均寿命が出たときに、この2つのグループのそれぞれ平均寿命に差があった。どちらが長かったか？　これは想像がつきますね。**「まだ40歳」と言ったほうが長命でした。**では、いったいどのくらい差があるのか？　私はせいぜい1年半くらいの差なのかと思いましたが、なんと結果は、10年もの差があったのだそうです。

「まだ40歳」と思っている人は、まだまだ自分は小僧だ、まだ若い、という発想の人です。「もう40歳」と言う人は、もう自分は年寄りだ、どんどん老け込んでいく……と自分の体に言い聞かせている。その言い聞かせている思いの通りに体は反応していくということです。

うそでもいいから「20歳にしか見えない」と鏡に向かって言ってみてください。すると体は反応してくれます。「もしかして、私は若いのではないか？」と細胞が思い始めるのです。自分の想念というものは、実はとんでもないほど強力に、自らの体をコントロールしており、私たちが何気なく言った一言によって、体はものすごく律儀に素直に反応しているということです。

人間の体を壊す4つの条件があります。

◎酒
◎たばこ
◎暴飲暴食

これら3つは、それぞれ5%程度の影響で、この3項目の集積でも20%ほどしか関わっていませんが、実は次の4つ目の条件が、体を壊す要因の80%を占めているようです。

◎不平不満、愚痴、泣き言、悪口、文句

というものです。

「酒は百薬の長」といいますが、それはトックリ1合まで。正しくは「酒は百薬の長、酒は万病のもと」というワンセットの言葉だったものを、前半部分だけを使っている人が多いのです。百の百倍で病気のもととなる、というのは、日本人が経験則で割り出したのでした。トックリ1合までなら、体を温めてたしかに体によいのですが、1合以上飲むと、逆に寿命を縮めることになるのです。

たばこは、1本吸うごとに寿命を縮めていきます。自分で自分の寿命を縮めるのはそれがその人の人生のシナリオなので、それはそれでいいのですが、同時に、その煙が周囲の人をガンにいざなうことにもなってしまうことを考えるべきでしょう。「喜ばれない存在」になってしまっては、人間が生きる目的に沿っていないということになります。

そして4つ目の要素として「不平不満、愚痴、泣き言、悪口、文句」を挙げました。たとえばいくら「健康食品」を食べていても、家庭内でケンカが絶えないことや、「あれは体に毒だ」「これも体に悪い」と否定的なことを言っていることのほうが、体を壊す影響が強い。その健康食品はプラスには働いてくれないでしょう。つまり、自分の体に入ってくるものに対して、批判的な言葉を加えれば加えるほど、体の中で毒になるということです。

そして、防腐剤や着色料が入っていても、「私の体の一部になってくれてありがとう。栄養になってくださってありがとう」と手を合わせ、なんでも笑顔でバリバリ食べている人は、意外に元気なのです。

14

水は宇宙からやってきた？

「ありがとう」が体内の水分を元気に

水を飲むときだけでなく、
お風呂に入るときや顔を洗うときにも、
「若返らせてくれてありがとう」と言うと
よいかもしれません。

私は49歳のとき、年相応に頭髪の半分が白くなっていました。それで、水分をとるときに「若返らせてくれてありがとう」と声をかけて飲むようにしました。すると1ヶ月後になんと髪が真っ黒になりました。

人間の体は大部分が水分です。20歳の人は70％が水分です。

余談ですが、若い人のことを「みずみずしい」と表現しますが、日本人は、「若さ」が、水分によるということが科学的にわかっていなかった時代から、「水」でたとえてきたという素晴らしい文化を持っていました。さらに余談ですが、「水もしたたるいい女（男）」という言葉もあります。みずみずしい女性（男性）、という意味です。

もうひとつ、次のような事例があります。

アトピー性皮膚炎だった人で、水分を飲むときに「正常な細胞にしてくださってありがとう」と言って飲んでいたら、2週間で腫れが引き、4週間後には完全にかさぶたがとれたという人がいました。

海が地球にできたのは、地下のマグマから水蒸気が吐き出され、それが上空で冷えて雨になって、その雨が降って海になった、というのが従来の「水」に対しての認識だったのですが、実は、ある研究で、何万コマという人工衛星からの写真を分析した結果、新しい理論が導き出されました。地球の上空5000～1万3000kmのところに、なんと、氷が浮かんでいるのだそうです。

人工衛星が撮った何万コマの中に、「白く光る物体」が写っていた。しかし、これはレンズゴーストだろうということで、誰も相手にしなかったのですが、どうも太陽の光の感じとは違うらしい。

こんなレンズの光が入るのはおかしい、というものがいくつも写っているので、光のスペクトルというもので物質解析をしたそうです。いったいなんのスペクトルなのか？　そしてこの光を分析していったら、答えはなんと「氷」だった……。

なんと、氷が、ある一定量、毎日、大気圏外から飛んできて、地球の引力にとらえられ、上空に浮かんでいるということらしい。毎日必ず同じ一定量の氷が飛んでくるのだそうです。そして、地球の歴史46億年を掛け算したら、なんと、今の海水の量とぴったり一致したのだそうです。

結局、この最新の「水」についての仮説理論として、地球上に存在する水は、地下から吐き出された水蒸気ではなくて、「大気圏外から飛んできた氷という名の物質である」かもしれないというのが、現代科学の最新理論なんです。

どうやら「水」というのは、宇宙の中で、地球上の生物が好きで好きでしょうがない生命体というようにも思えます。生物の体の中に入って、生物の役に立ちたいというはっきりした意志を持っているようです。そしてその水に対し、自分の体内に入ってくる前に、ある方向性（たとえば若さ、美しさ、健康など）を与えてあげると、水はその通りに働く。

ですから、水を飲むときだけでなく、お風呂に入るときや顔を洗うときにも、「若返らせてくれてありがとう」と言うとよいかもしれません。

また、たとえば炊き立てのお米は60％が水、果物や野菜は90％が水ですから、食べ物に対して、「これは体に悪い」「まずい」と、否定的な感想を言いながら食べていると、本当にそのように方向づけられてしまいます。水が腐り始める。

その人が思った通りに水は従いたくて、そういう意志を持って、宇宙からやってきているということです。

ある週刊誌のグラビアページで、次のような実験が紹介されていました。

ベドルジハ・スメタナの『モルダウ』を聞かせた水は、非常にきれいな結晶になった。

そして、フレデリック・ショパンの『別れの曲』を聞かせたら、バラバラの結晶になった。

チベット密教のお経を聞かせたら、きれいな結晶になった。ヘヴィメタルの音楽を聴かせたら、ぐちゃぐちゃな結晶になってしまった。「愛しています」「感謝しています」という言葉をかけた水は、ダイヤモンドのようになった。「よくできたね」と言ったら桜の花びらのようになった。「ムカつく」「殺す」と言ったらぐちゃぐちゃの結晶になった。「ありがとう」と言ったら、いちばんきれいなかたちになった。

人間も、「ありがとう」という言葉を聞くと、体内の水分もダイヤモンドのようなきれいな結晶となり、細胞が元気になるらしいのです。

15 ひとりごと

「ツイてる」は聞いている人を味方にする

肯定的で喜びの言葉を
言っている人は、
その言葉を聞いた人を
全部味方にすることができます。

家に帰ったら、深いため息をついて、家族の顔を見ないで天井を見ながら、

「あー、私の人生ってものすごくラッキーかもしれない」

とひとりごとを言ってみてください。本人に向かって言うと、顕在意識にしか届きませんから、ひとりごとを聞かせるのです。

実は「ひとりごと」というのは、周囲の人間の潜在意識に働きかけます。そして、「私の人生はすごく幸せ」という言葉を周囲の人々が聞くと、その幸せな人生の大部分を一緒に過ごしてきたのだから、間接的に、「あなたがたのおかげです」というメッセージとして、（人間の脳の85％を占める）潜在意識に届くわけです。そして、**その言葉は、聞いた人の体をポッポッと温かくする。潜在意識に働きかけられたほうが、はるかに体に反応がきます。その言葉を聞くたびに幸せを感じる。**

そして、この人のこの言葉を聞いていると、心地よくなって体が元気になって活性化するので、この人のそばにいたいと思い、この人のためにいろんなことをしてあげたいという気になります。この人の味方になろうと思う。

逆に、天井を見ながら、

「あー、私の人生って最悪」

と言ったとします。これを聞いた周囲の人たちは、体の細胞がシュンとする。だって〝最悪〟な人生の大部分を一緒に歩んできたのだから。「この最悪な人生はあなたたちのせいなのよ」と言われているのと同じです。その言葉を何度も聞いていると、なんとなく体が重くなってくるのでもう聞きたくないと思う。なるべくこの人のそばにいたくないのでそそくさと部屋から出ていくようになり、遠ざかるようになる。そしてこの人の敵にまわるようになります。いくらやってあげたってわかっていないんだから、こんな人に何をやってあげてもダメだよねって思ってしまうわけです。

交友関係にも同じことがいえます。喫茶店でお茶を飲みながら友人たちとおしゃべりをしているときに、「ツイてない」ということばかり言っていると、そのような好ましくない日々、できの悪い人生を、友人として一緒にやってきたということを間接的に言われた友人たちは、だんだん離れていきます。残るのは暗い人ばかり。そういう暗い人たちだけで集まって、世界や政治のいろいろな暗い部分の話で盛り上がるのです。

結局、「ラッキーだった」「ツイてる」という言葉は、四次元的なものに対するお礼のように聞こえるけれども、実は目の前の人に強いメッセージを投げかけていることになる。肯定的で喜びの言葉を言っている人は、その言葉を聞いた人を全部味方にすることができます。と同時に、その言葉を聞いた神仏・守護霊・精霊という四次元の方々も、味方にすることができる。

さらに、耳で聞いた「愛しています」「ありがとう」の音より、自分の声帯を震わせて発した「愛しています」「ありがとう」の音のほうが影響を受けやすい。人から言われた言葉より、自分で言った言葉のほうが、自分の体に影響を与えるということ。ゆえに、自分のために、「愛しています」「ありがとう」の言葉をなるべくたくさん言ったほうがいいのです。

夜、寝ている夫の耳元で悪態をついていると夫の体は弱っていきますが、その倍の早さで自分の体が弱っていきます。そんなことをするよりは、夫が起きているときにはなかなか言えないような「愛しています」「ステキ」「ありがとう」という言葉を、夫が寝静まってからこっそり言っていると、夫はだんだん元気になり、何よりも自分が最も元気になって得をすることになるのです。

16

人生の達人

すべての出来事に感謝する

私の目の前にはどんな出来事が起きてもよい。
それを全部ツイてるツイてると
言うことができるので、
私は一生涯ツキまくっている人間です。

長者番付に常にランクインしている人が、こんなことを言っていました。

「私は、7年間、実質納税ナンバーワンを続けてきました。来年もたぶん、ナンバーワンだと思います。5年先も、10年先も、一生涯、変わらないでしょう。なぜそう言えるかというと、私はめちゃくちゃにツキまくっている人間だからです」

ここまでの話だと、この人が特別な人だと思ってしまいますが、実は、この後、続けてこの人が語った話がとても面白いのです。

「私は、普通の人とは違うちょっと変わった考え方をしているんです。

街を歩いていて、足元に何か重たいものが落ちてきて、足の指を骨折したとする。そのときに**多くの人は、不運だ不幸だ、と言うでしょうが、でも自分はそうは思わない。超ラッキーでめちゃくちゃツイてると言う。**なぜかというと、30㎝ずれて頭に落ちなくてよかった。頭に落ちていたら、間違いなく死んでいただろう。

出かけるときに、玄関で下駄の鼻緒が切れたとする。普通は、これを不運というのでしょうが、自分はそうは思わない。玄関で切れてくれて超ラッキーだ。もし、このまま出かけて横断歩道を渡るときに切れたら、転んで車にはねられて死んだかもしれない。

すべての現象について、私はそう思える性格である。ゆえに、私の目の前にはどんな出来事が起きてもよい。それを全部ツイてるツイてると言うことができるので、私は一生涯ツキまくっている人間です。だから、生涯ずっとナンバーワンを続けると思います」

私の講演会にきてくださる方で、次のような話をしてくださった方がいました。

車を買ってからまだ2週間という新車に乗っていて事故に遭い、車は大破して廃車になったそうです。このときに、車は廃車になったけれども、体は無傷だった。

この人は、「車が廃車になるほどのひどい事故だったのに、自分の体は無傷だった。これは奇跡だ。車が、私の体にかかるべき衝撃を、すべて吸収してくれたおかげで、私の体は無事だった。だから、車とメーカーさんに感謝」と手を合わせたそうです。

しかし、もしそのような考え方をしなかったころの自分だったら、まったく違う立場で考えただろうとおっしゃっていました。

「自分の体が無傷だった程度の軽い事故で、車が大破して廃車になってしまうとは。こんなもろい車を造ったメーカーを訴えてやる」

と、3年前の自分だったら思ってしまっていただろう、とおっしゃっていました。

このように、一人の人が180度感想が変わることもあるのです。それが人間が成長するということかもしれません。

17

「人気商品」のひみつ

称賛がプラスのエネルギーを生み出す

周囲の人に「感謝」「笑顔」「称賛」を
浴びせるとよいというのは、
人のためではなく、
自分にとって得だということです。

人間にエネルギーを吹き込むものベスト3というのは、

「感謝」
「笑顔」
「称賛」

の3つです。私はこれを頭文字をとって「おかえしの法則」と名づけました。

まず「ありがとう」と感謝されること。そして「笑顔」を向けられること。さらに「今日の服はステキですね」など、なんでもいいから「称賛」されると、元気になるらしい。

これら3つの反対の概念として、不平不満、不機嫌、あらさがしという3つのものがあります。これらは、周囲の人のエネルギーを奪い取るものです。不機嫌な顔で、不平不満を言い、相手の悪いところをあらさがしして指摘していれば、相手はエネルギーダウンした状態になり、病気になりがちで、ウツにもなりかねません。したがって、逆に病気の人には「か・え・し」の3つによってエネルギーを充電してあげると、元気になっていきます。

ちなみに、エネルギーダウンしている人に向かって「頑張って」と言うのは、その人のそれまでやってきたことを、9割は否定してしまっていることになります。**今のあなたで十分ステキ、と言ってあげることで、結果的にはその人は元気になり、よりよい状態になるようです。**

「感謝」「笑顔」「称賛」をたくさん浴びた物質は、エネルギーを貯《た》めているのだそうです。エネルギーダウンしている人がその前に立った瞬間に、エネルギーがどっと体の中に流れ込んでくるらしい。

たとえば「富士山《ふじさん》」は、累計でいうとたぶん何百億人という人の称賛を浴びてきました。そのように膨大な称賛を浴びてきた山というのは、膨大なプラスのエネルギーを貯め込んでいるらしい。だから、そのエネルギーを貯め込んだ山を目の前にした人は、そのものすごいエネルギーをいただくことができるようです。

ルーブル美術館に行くと「モナ・リザ」や「ミロのヴィーナス」などの原物があります。模写や写真を見るよりも、原物はやはり元気になる感じがあります。パワーが体の中に入ってくる感じがしました。それだけ原物は、長い年月をかけてたくさんの人から称賛を浴びてきたものだからでしょう。

陶器や骨董《こっとう》美術品もエネルギーを貯めやすいようです。「この抹茶茶碗《ちゃわん》は素晴らしい」

と、**何百年も称賛を浴びてきたものは、それを目の前にしたときに、そのエネルギーを受け取ることができます。**称賛を浴びてきたものは、それだけで価値があるらしい。

また、水晶、翡翠《ひすい》などの鉱物は、プラスの言葉（ありがとう、嬉しい、楽しい、など）をそれに向かって言っておくと、プラスのエネルギーを蓄積するようです。そして、疲れたときにその石を持ってみると、そのエネルギーが体に流れ込み、元気になる。反対に、不平不満、愚痴、泣き言、悪口、文句を言っていると、石はマイナスのエネルギーを貯め込みます。そしてその石を持った人は元気を吸い取られるのです。

もし、石をペンダントにして首にかけていて、「なんだか最近重くなった気がする」というときは、疲れやマイナスのエネルギーを石が吸い込んだためです。そういうときには、塩水につけて一晩置いておくと、マイナスのエネルギーが抜けて、ゼロに戻る。

同様に、人間もエネルギーを貯め込むので、**普段周囲の人に「感謝」「笑顔」「称賛」を浴びせ、周囲の人を元気にしておくと、自分がエネルギーダウンしたとき、反対に周囲の人からエネルギーをもらうことができるのです。**

風邪や病気というのは、エネルギーがダウンしている状態なので、薬や高栄養の食べ物や休養と同時に、この3つのエネルギーを吹き込んであげると、元気になるらしい。

もし家族の中に、病気の人やウツ状態の人がいるとしたら、「ありがとう」の言葉や笑顔が足りないのかもしれません。そして、家族に対して不機嫌な顔をして、文句や愚痴を聞かせ、あらさがしをしてエネルギーを奪い取った結果として、夫や妻や子供が病気になったとしたら、看病するのはその家族なのだから、エネルギーダウンさせるようなことをしないほうが得ということがわかります。

私は一年中旅をし続け、全国で年間約300回の講演会をするという日々を送っていますが、一度も病気をしたことがなく、倒れたこともありません。**常に「感謝」「笑顔」「称賛」に囲まれて、エネルギーをいただいているからでしょう。**

私の講演会はすべて依頼されてやっているので、そもそも私の話を聞きたくないという人が会場にいるということがない。したがって常に「称賛」を浴びています。そしてどんな安っぽいダジャレでも笑ってくださるという温かく優しい方々に囲まれているので、いつも「笑顔」に囲まれています。

「ありがとう」という言葉は、心がこもっているかどうかよりは、とにかく数が多いことが重要のようです。私のブランド「SKP（Seikan Kobayashi Presents）グッズ」というものがあり、400点ほど商品が出ていますが、最近ネクタイも発売しました。ところが、企画者がはじめに見本で作ったものを見ると、「ありがとう」の文字が100個しかありませんでしたので、ぜんぜん足りないと言って、6000個の「ありがとう」の文字をびっしりと入れてもらうことにしました。

そうやって、**とにかく数をたくさん書いたものを身につけていると、とても体が元気になるという報告がたくさんあるのです。**数年前に発売した「ありがとうハンカチ」は、頭に巻いていたら15分で頭痛が治った人がいました。

友人知人にも、この3つのエネルギーを浴びせていると、そばにいると元気になるのでどんどん人が集まってくるようになります。反対に、不平不満、不機嫌な顔、あらさがしをしていると、元気が失われるので、人がどんどん去っていくようになるのです。

商売をしている人は、人が集まってくればそれだけでものが売れるのですから、とくに営業努力をしなくても、たとえその商品が特別よいものでなくても、勝手に売れるようになる。ＳＫＰブランドの商品はまったく広告等に力を入れていませんが、年間数億円という規模で商品が売れています。

したがって、周囲の人に「感謝」「笑顔」「称賛」を浴びせるとよいというのは、人のためではなく、自分にとって得だということです。

第5章

「追い求めない」のが得

18

脳は神様に近い

「神」には時間という概念がない

「神様、~してくださってありがとう」と、
先にお礼を言うと、
神様は律儀にもお礼を言われた通りのことを
やってくれます。

目の前のことを、「楽しい」と思ったとします。するとその瞬間に、β－エンドルフィンという快感を味わわせる脳内物質が分泌されます。また、過去にすごく楽しかった思い出を思い出しているときにも、脳はまるで目の前にその現象があるかのごとく、β－エンドルフィンを出します。**脳は、過去という「認識」をしない。楽しいことを思い出しただけで、まるで目の前に楽しいことがあるかのように、β－エンドルフィンを出すのです。**

そして、自分の未来にこういうことがあったら楽しいだろう、面白いだろうな、と楽しい想像をしていると、まだ目の前にきていないにもかかわらず、未来のことを想像しただけでβ－エンドルフィンが出ます。

そして、過去に嫌なことがあった、たとえば初恋のミヨちゃんにふられた思い出などを思い出した瞬間に、まるで今目の前にミヨちゃんがいて自分をふったかのごとく、不愉快物質（緊張物質）を脳内物質として分泌します。これはノルアドレナリンという物質です。

もちろん、今、目の前に嫌だと思うことがあってもノルアドレナリンが出ます。

そして、未来にこんな嫌なことが起きたらどうしよう、道を歩いていて、いきなり刃物を持った人が切りかかってきたらどうしよう、というような、まだ起きてもいないことを、どうしようどうしよう、と不愉快なことを心配し考えた瞬間に、脳は、まるで目の前にその現象があるかのごとく、錯覚をして、不愉快の脳内物質ノルアドレナリンを出します。

このことから、脳というのは、現在・過去・未来という時間的な区別認識ができないようだ、ということに気がつきます。脳は、人間の器官の中で、いちばん劣っているのかもしれない、とふと思ったことがあるのですが、実はそうではなくて、いちばん進んでいるのかもしれないと思い直しました。なぜかというと、実は**「神」の世界にも、時間という概念がないらしいからです。現在・過去・未来という時間的認識がない。**

ゆえに、脳は、「神」と「人間」の間、つまり三次元と四次元の間、すなわち3・5次元のところに存在しているのかもしれません。脳だけ「私」より先に神様の領域に行ってしまっているようなのです。どうしてなのかはわかりません。ただ、人間の脳は、体の機能の中でどうも最も優れているらしい。そして、その脳が「神」のほうに一歩近づいているというのは十分にありえます。「神様、～してくださってありがとう」と、先にお礼を言うと、神様は「あ、まだやっていなかったっけ」と思うらしく、律儀にもお礼を言われた通りのことをやってくれます。普通、三次元的には、やっていないことにお礼を言われたら違和感を抱きますが、神様にはその前後の認識は関係ないのでしょう。**時間・空間が四次元には存在しない**、というのは、具体的にはこのような事情になっているようです。

19

「意識の密度」が「現象の密度」

思いが現象を引き寄せる

神様は、人間を喜ばせたくてしょうがない存在なので、喜べば喜ぶほど、もっと喜ばせてくれる。

車内に交通安全のお守りをたくさんぶら下げている車ほど、事故に遭いやすい、という統計があります。心配すればするほどその現象を引き寄せるのです。もちろん、単に視界がさえぎられたり、目の前にブラブラしているものがあったりするため飛び出し等に敏感に対処できなくなるわけで、三次元的にも損なことですが。要するにお守りとは、事故に遭うことを恐れ、心配しているから持つのであって、それが運転中視界に入ることは、自分の潜在意識に訴えることとなり、ドライブを楽しむどころか、まさに恐れていた通り事故に遭うことになる。心配することは損なのです。

30〜40代の独身OLで、海外旅行に行こうと思ってお金を貯めている人がいました。ところが、次にお会いしたときに、彼女はこう言いました。

「60歳か70歳くらいになって、病気になったときのことを考えて、老後のためにお金を貯めておくことにしました」

私は笑ってこう言いました。

「病気のために貯めているお金は、病気のために使うことになりますよ」

想念のエネルギーが蓄積されて、現象化するのです。

未来のことを心配するのは、その現象を招き寄せることになります。楽しいことだけを期待して待っていればいいのです。この女性の場合は、老後の心配などしないで、海外旅行に行き、リフレッシュするという生き方をしていれば、年をとってからも病気とは縁がないかもしれません。

私は40年間今も変わらず唯物論の立場です。宗教者ではありませんから「神」「仏」を前提にものを考えることはありません。あらゆる宗教とは無関係ですが、一応私の研究の結論を言いますと、四次元的に「神」が存在します。ある意志を持った、ある法理法則、方程式をコントロールしている知性体が存在する。その四次元的に存在する知性体を一般的に「神」と呼んでもいいのだけれど、「神」と呼ばないで「四次元の存在」と呼んでもかまいません。その「四次元の存在」が、ある法理法則に基づいて、三次元的な現象を起こしているということです。その四次元的な力（「神」と言っても「宇宙」と言ってもかまいません）を味方につけたほうが得でしょう。**宇宙を味方につけるとは、宇宙現象が自分の都合のよいかたちで起こる、ということです。**

私のところへ宇宙からくるメッセージのうちのひとつに「意識の密度が現象の密度である」というのがありました。

夕立が降った後に、20回に1回くらいは虹が出ることがあります。そのときに、「わあー、虹が出て嬉しい、きれいだ」と喜ぶ人は、虹が出たことに意識の密度が高まったことによって、今後その人が、夕立の後に虹を見る確率（現象）が高まったということです。

一方、20回に19回は虹が出ない、その「虹が出ない」ほうに意識と関心を持っていて、「あ、今回もまた虹が出なかったよね」と、虹が出ないほうに意識が偏った人は、現象の密度が虹が出ないほうに偏る、つまり、今後も虹を見ることは少ない、という構造になっているらしいのです。

たとえば、Aさんは、頭の上に虹が出ているのに、ぜんぜん上を向かないで下ばっかり向いていて、頭の上の虹に気がつかない人。

Bさんは、頭上の虹に気づいたにもかかわらず、1秒ちらっと見ただけで何も喜ばないでそのまま歩き続ける人。

Cさんは、虹を見たときに「わあ、きれい、ステキ」と感動する人、だとします。

この3人を神様が見ていたときに、本当は、1分間だけAさんの頭上に虹を出している予定だったけれど、まったくちらっとも見ないので、この1分間をCさんの頭上に持っていく。さらに、Bさんも、ちらっと見たけど喜ばなかったので、残り59秒をもったいないので、かわりにCさんの頭上に持っていきます。

結局、Cさんは、本来は自分用には1分間なのですが、「気づかない人」や「喜ばない人」の二人分をもらって、なんと2分59秒、虹を見ることになるのです。

私たちが、身の回りに嬉しい、楽しいことを起こしたいと思ったら、ただひたすら喜んで、嬉しがって、幸せだ、ツイてると思うこと。そうすると神様は、人間を喜ばせたくてしょうがない存在なので、喜べば喜ぶほど、もっと喜ばせてくれる。しかし、してあげたにもかかわらず、なんの感動も喜びもないと、「じゃあ、この分は喜ぶ人のところへ持っていこう」ということになります。喜び方の達人に対して、この「神」という方がその喜びの内容をあげたくなるようだということです。

ある夫婦が、「お茶を淹《い》れるときに、茶柱が立つようになったんです」という報告をしてくれました。それが、毎回お茶を淹れるたびに立つのだそうです。以前はまったく立たなかったのに。そのご夫婦は、私の話にヒントを得て、茶柱が立つことを喜んだほうが楽しいらしい、と思って、ティーバッグをやめて、普通にお茶を淹れるようにしたのだそうです。それでも、50回に1回ぐらいしか茶柱は立たないと思うのですが、そのご夫婦はなんと、毎回１００％茶柱が立つようになった。**明らかに、注目したことについて現象が偏るということが起きているのです。**

右肩、右腰、右ひざの３ヶ所に痛みを持っている人がいました。その人が、このメッセージを聞いて、「今まで、痛いところにばかり関心が行っていた。痛くないところに関心を持ち、痛くないからありがたい、とそこに関心を持っていったら、痛くなくなるのかもしれない」と思ったのだそうです。その方は気功師だったので、体の部品の名前すべてを挙げてみた。なんと３００も挙げられたそうです。それを全部書き出し、ここも痛くない、ありがとう、とすべてに言っていたら、言い終わったときに、なんと３ヶ所の痛みが消えていた。

余談になりますが、気功師の方で、患者の邪気を浴び続けた結果、自分の体に痛みが生じていると思っている人は、自分の力で治していると思っているからかもしれません。「私」が治しているのではなくて、本当は天からきた力で治しているのであって、**自分の体はただ「気」が通過する媒体にすぎないことがわかれば、痛みは自分の体にたまることはないのです。**つまり自分の中に「我《が》」があると痛い。おごり高ぶり、うぬぼれがあると、疲れと痛みはたまっていきます。これは、宗教論、観念論ではなくて、唯物論的な事実です。

さらに、「私の周りには感じのいい人ばかりが集まっている」と思ったとする。そういう人の見方をしていれば、今後も実際にその人の周りには「感じのいい人」が多く集まってくる。反対に、目の前の人に対して「この人は感じ悪い」とあらさがしをしながら人を見ている人というのは、意識がそっちのほうに行ってしまっているので、自分の周りに集まってくる人が、そういう方向に偏ることになるらしい。

鏡を見るとき、自分の顔を見ながら、「ここもシワが寄っている、ここも老化している」と、老化しているところを見出《みいだ》していると、老化しているところに意識が集まるので、老化という意識の密度＝現象の密度となる。つまり、その結果として老化の進行度合いが早まるということです。**「ここも若々しい、あそこも若々しい」と言っていくと、若々しいところに意識が偏ったので、現象として、体全体が若々しくなるということです。**

このように、この事実はあらゆることに応用できることがわかります。自分にとって楽しいほうのことについて、喜びを感じ、それを表現すると、どうも宇宙はそれを感じ取るみたいで、**「あなたがそういうことが好きで、喜ぶんだったら、もっとやってあげよう」**

ということになるみたいです。そして、「あれが気に入らない、これが嫌だ」ということばかりに関心を持って注目していると、今後もそのような現象しか起きてこないようですよ、ということがわかってきたのです。

20

伊勢《いせ》神宮の不思議な話

執着をしない、追い求めない人生

「祈り」も「願い」も、神・仏に対して、
私たちがしてもらっていること、
生かされていることについて、ただただ
「ありがとう」と感謝を伝えるということ。

幸せを手に入れる方法とは、幸せを手に入れようとしないこと。何かを追い求めている間は、ただひたすら苦しいだけ。幸せの宇宙構造とは、自分が今どれほど幸せか、ということに気がつくことです。

たとえば、目が見えなくなったことがあるでしょうか。多くの人は、目が見えない、耳が聞こえないという状態になったことが一度もないにもかかわらず、それについて感謝をしたことが一度もない。**今自分が持っているものが、全部幸せなんだということです。そう思ったらたくさん感謝することができる。**

先日、伊勢神宮（三重県）のすぐ近くで講演を頼まれたのですが、講演会が始まるまで少し時間があったので、伊勢神宮に詣でたときのことです。以前『天才たちの共通項　子育てしない子育て論』（現在は『子育てしない子育て　天才たちの共通項』として大和書房《だいわしょぼう》より刊行）という本を書きましたが、その本の共著者である中村多恵子《なかむらたえこ》さんと、その本の出版社、宝来社の小野寺大造社長夫妻と連れ立って4人で詣でました。

4人で拝殿の前で1分間ほど手を合わせ、そして帰ろうとしたときのことです。拝殿の正面に3m四方ほどの白い布（御帳《みとばり》）がかけてあるのですが、なんと、どういうわけかそれが持ち上がったのです。その上がり方とは、風が吹いたのなら当然すそがヒラヒラするはずなのですが、まるで金属板のようにまっすぐ固まったまま。しかも電動のような動き方で、スーッと上がったのです。そして、それが90度くらいまで上がり、中の本殿が見える状態になった。その状態が1分間続きました。ところがその間、周りの木々を見わたしてもまったく揺れていない、まったく無風状態です。

不思議なことがあるもんだなあ、何が起きているんだろうね、と、そこに居合わせた4人とも、もちろん初めての経験ですからそんなの見たこともないし、人から話で聞いたこともなかったし、そもそも布がこのような動き方をするわけがない、ちっともヒラヒラしていないのでとても不思議な光景でした。1分間ほど上がっていて、その後、布が下りていったのですが、その際もまったくヒラヒラせずに金属板のようにそのまま下りてまっすぐになりました。

さっそくその後の伊勢市の講演会でその話をしたところ、その顛末《てんまつ》を聞いた伊勢市の人が、こんなことを言っていました。

その前の年の11月に、ダライ・ラマ（14世）師が伊勢神宮を訪れ、手を合わせて帰ろうとしたときにも、同じように布が上がったのだそうです。そのときとまったく同じことが起きたのですね、とのことでした。霊的な力を持っている人が参拝した場合、よくそのような現象が起こる、という話でした。しかし、90度上がった例は未《いま》だかつてないとのこと。神様から祝福されたのかもしれない、と嬉しくなりました。

しかし実は、私たち4人が〝霊的に優れていた〟という話ではありません。

この一件は私たちがとくに、神様から祝福されているという話として、みなさんにご紹介してもよかったのですが、どうやら誰にでも、このように神様の祝福を受けることは可能だという結論に至ってしまいました。**実は、神社というのは、「お願いごと」をしに行くところではなく、「感謝」をしに行くところなのです。**

単一商品で50億円という売り上げを誇る赤福《あかふく》という和菓子の会社が伊勢神宮の前にあります。単一商品でこの売り上げは世界一だそうです。ここの社長さんは、「初詣」はしないで、そのかわり、12月31日に「お礼」をしに行くという意味で「晦日詣《みそかもうで》」をするそうです。「今年も一年間、商売をちゃんとやらせてくださってありがとうございました」とお礼を言いに行くとのこと。

私たち4人が伊勢神宮を詣でたときも、4人とも「お願いごと」は一切しませんでした。ただひたすら「ありがとう」を言い続けた1分間だったのです。私と一緒に行った3人とも、私の本を読んでいて、「祈り」ということの意味を知っていた。すなわち神様の「意」

と「宣《のり》」で「意宣《いの》り」というのがもともとの語源です。神様の意志を祝うということが「祈り」の意味であり、あなたの仰せのままに従い生きていきます、ということが「祈り」の本質なのです。一方、「願い」は、「ねぎらい」が語源、つまり「ありがとうございました」「おかげさまで」という意味であり、実は「希望を叶えてください」ということではなくて、「ねぎらい」が語源だったのです。

つまり、「祈り」も「願い」も、自分の夢や希望を叶えてもらいたいという意味で使う言葉ではなく、神・仏に対して、私たちがしてもらっていること、生かされていることについて、ただただ「ありがとう」と感謝を伝えるということ。今年も一年よい年にしてください、と「初詣」に行くことよりも、無事に一年過ごさせていただいてありがとうと言いに行く「晦日詣」を続けている社長さんも、おそらく神様の祝福を受けて、商売繁盛しているということなのでしょう。

神社というのは、自分の願いや希望を叶えてくださいと言いに行くところではなく、「ありがとう」を言いに行くところ。たまたま同行した全員が「ありがとう」だけだったので、布が上がるという不思議なことが起こったらしい。

さらに、この話を私の講演会などでしていましたら、それを聞いた人たちが連れ立って神社へ「ありがとう」を言いに行ったそうです。そして、その中の何人かは、神社へ行った帰りに、なぜか財布の中にお札が増えていた……という現象が何例か報告されています。なぜそうなるのかはわかりません。ただ、いろいろな人間ワザではない現象が起こるみたいだ、ということです。

今自分に何が足りないか、何が欲しいかを言っているときは、「ありがとう」が出てきません。**今、自分がどれほど恵まれているか、ただ自分が生かされていることに感謝し、手を合わせて向こうに伝えることで、幸せな人生になるようです。**

執着をしない、追い求めない人生になると、神様が味方をしてくれるようになる、という構図になっているようなのです。

21 神様は喜びの場に現れる

神話に描かれた本質的なこと

「出てください」と嘆願したときには、
アマテラスは反応しなかった。
みんなが喜び笑って楽しんでいたことに反応した。
神様の性格とはそういうものであるらしい。

伊勢神宮に祀《まつ》られている神様は、天照大神（アマテラスオオミカミ）です。日本神話に語られているアマテラスオオミカミについての叙述に、このような話があります。

イザナギ・イザナミ2神の国生みに始まり、続いてその子供であるアマテラスオオミカミ、ツクヨミノミコト、スサノオノミコトという神様が生まれます。アマテラスとスサノオの葛藤により、アマテラスは天岩戸《あまのいわと》にこもってしまった、という有名な「天岩戸ごもり」の話はご存じでしょう。実はその話の中に、神様の性格を表す重要なポイントがあります。

スサノオの狼藉《ろうぜき》によって、太陽神であるアマテラスが天岩戸に閉じこもってしまったため、世界は暗闇となり、あらゆる禍《わざわい》に満ちる世となってしまった。そこで神々は集まってさまざまな対策を講じたが、アマテラスはまったく反応なし。ところが、アメノウズメノミコトという女性の神様が、天岩戸の前で桶《おけ》を踏み鳴らし、半裸でダンスを踊り始めたので、八百万《やおよろず》の神々は高天原《たかまがはら》がとどろくばかりにどっと笑った。すると、アマテラスは外の様子を見ようと、少し岩戸を開けたので、天手力男神（アメノタジカラオノミコト）がアマテラスを引っ張り出すことができた、という話です。

ここで示されているのは、「出てきてください」と嘆願したときには、アマテラスは反応しなかった、ということ。みんなが喜び笑って楽しんでいたことに反応した。**アマテラスは慈愛の神様、優しさの象徴です。「困った困った」に反応していいはずが、反応しなかった。**神様の性格とはそういうものであるらしい、ということがこの話から読み取れるのです。

私の研究結果として、「神仏・守護霊・精霊というものが存在する」らしい、という結論になります。なんと実際に精霊の姿が写真に写るという現象も起きているので（レンズゴーストやレンズの汚れではなく）、では精霊が写真に写ってくれるときとはどのようなときか、という共通項を調べてみました。

それは、**その場に居合わせている人々全員が、笑顔で喜びに満ちあふれ楽しんでいて、否定的な言葉が一言も発せられなかったとき**、という状況下でのみ、丸く白い〝もや〟の精霊が一緒に写真に写っている……ということがわかりました。私の手もとにはそういう写真が800枚ほど集まりました。この「丸く白い〝もや〟」がどういう構造になっているかはわかりません。しかし、一応これを拡大してみたところ、〝曼陀羅《まんだら》〟に酷似しているということが多くの人の意見ではありました。

古代日本人は、科学的な裏づけや理屈はまったくないにもかかわらず、物事の本質を直感的にわかっていた民族であったらしく、『古事記《こじき》』『日本書紀《にほんしょき》』に書かれた神話には、もしかしたら単なる絵空事にとどまらない本質的な意味が隠されているのかもしれません。

ちなみに、古代日本人が直感的に物事の本質を言い当てていたということを「大和魂《やまとだましい》」という言葉で表現されます。この「大和魂」の対義語は「漢才《からざえ》」です。「漢才」の「漢」は昔の中国を指しています。昔の日本人にとって中国は、科学文明・技術の最先端でした。ゆえに、科学的な、理路整然とした説明のできる能力のことを「漢才」といったのです。

それに対して、**「大和魂」とは、野生の勘ともいうべき能力で、なんの根拠もないのだけれども直感的に物事の本質をズバリと言い当てることのできる能力のこと。**

「大和魂」と「漢才」どちらが優れているということではありません。そうではなくて、フラットな目線で学術的研究の対象として日本神話を見るとき、けっこう面白いことが発見できるようです。

22

風《かぜ》の盆《ぼん》と喜びの精霊

喜んでいる人には、喜ばしいことが集まる

精霊の性格とは、
喜んでいる人にどんどん集まってくる。
そして、喜んでいる人を
もっと喜ばせるように働く。

2003年の8月31日から9月2日まで、2泊3日の富山県越中八尾《えっちゅうやつお》「風の盆」ツアーを行いました。「越中おわら節」の踊りのことを人々は親しみを込めて「おわら風の盆」と呼ぶのです。毎年9月1〜3日、この踊りが町中で踊られるので、それを見に行こう、というツアーでした。

八尾には宿は8軒のみ、収容人数が600人、それに対して、風の盆のころ訪れる観光客は15万人、バスが2000台殺到し、八尾の周囲10キロはまったく車が動かない状態になり、結局踊りを見ることができないまま帰る観光客がけっこういるらしいのです。そんな事情なので、ずっと行きたかったものの、行けないでいました。町内に知り合いでもいないかぎり無理だろうと思っていました。

ところが、たまたまその年の2月に、八尾に住んでいる方と知り合いになったのです。伊東《いとう》（静岡県）での合宿の参加者の中に、八尾の方がいらっしゃいました。そして、その方のはからいによって町内に宿が手配でき、私を含め47名の参加者とともに、越中八尾風の盆の旅に行くことができたのです。たいへんありがたいことでした。

3日間にわたって踊られることになっているのですが、実際は、9月1日は二百十日《にひゃくとおか》といって、例年台風が多く、実際には1日の日は中止が多かったのだそうです。というのは、使われる楽器が三味線、太鼓、胡弓《こきゅう》の3つなのですが、これらが少しでも濡《ぬ》れると使いものにならなくなるというので、小雨《こさめ》でも中止なのです。

しかし、私たちのツアーでは、まことに幸運なことに1日の踊りを見ることができました。

8月31日、現地に着いたときには、猛烈な豪雨でした。そして翌日9月1日の昼過ぎまで激しい雷雨。しかしその後、まだ空は真っ暗とはいうものの一応雨は上がり、その後、結局雨が降らなかったのです。すると3時くらいから、三々五々、地元の踊り手たちが姿を現しました。実は午前中の話によると、町の人は全員今日は雨だからダメだと諦めていたそうです。ところが昼過ぎにやみ、3時になっても降らないので、踊りが始まったのでした。

町のあちこちから、静かに踊り手が現れます。三味線と胡弓の響きとともに、幻想的な盆踊りが始まりました。静かな町の静かな踊り……その優美な世界を私たちは手を伸ばせば触れるくらい身近に体験することができました。例年だと観光客が15万人ほどもいるのですが、その日は直前まで雨が降っていたため、中止と踏んだ人が多かったらしく3万人ぐらいしかいなかったのです。ですから、地元の方たちや踊り手の方たちとお話をすることもでき、写真も撮ることができ、たいへんにツイていました。

余談ですが、民俗学における「舞」と「踊り」の違いについて。**「舞」とは、神様を呼び込むしぐさです。だから手のひらを内側に向けるようにします。「踊り」というのは、自分の体に神様が入り、神様が喜びを表現するという状態をいいます。**「踊り」の場合は、手のひらを外側に向けるように動かすのです。

夜の部の踊りが始まる前に、ツアー参加者のみなさんにこんな話をしました。実は、この旅は数々の因縁に囲まれているということがわかったのです。越中八尾のおわら風の盆が始まったのは、元禄《げんろく》15（１７０２）年3月14日（編集部注＝諸説あり）。そして、3月14日というのは、赤穂《あこう》藩主（現在の兵庫県）の浅野内匠頭《あさのたくみのかみ》（長矩《ながのり》）が切腹した日、つまり浅野内匠守の命日でもあります。私の家系は、浅野内匠守の家系にあたるのです。浅野内匠守の弟、浅野大学《だいがく》（長広《ながひろ》）というのがいて、大学は江戸に出てきて学問をした人ですが、大学が子供を生んで、次男、三男が分家していった家系が小林家の家系らしい。家紋も浅野の「違い鷹《たか》の羽《は》」。その浅野内匠守の血を引く私を中心として、この旅には、なんと偶然にも赤穂浪士の四十七士と同じ47人の人が集まった。47名募集したのではありません。まったくなりゆきで47人集まったのでした。その一行が、浅野内匠守が切腹した3月14日という同じ日に始まったおわら節の踊りを、見に行くことになったのです。

さらに、おわら節の踊りに胡弓を持ち込んだ、目の不自由な女性芸人の名前が「佐藤千《さとうち》代《よ》」。八尾の人で私たちに宿を提供してくれた方の名前が「佐藤三千代《みちよ》」さんというのでした。

あまりにも数々の面白い符合に囲まれているので、その旅に集まった47人は、赤穂浪士の生まれ変わりではないにしても、赤穂城の家臣の生まれ変わりだった可能性が高いですね、という話になりました。そのような**強い縁によって全国から集まった者同士なのだから、きっと生涯の友人となるに違いありません。**というわけで、参加者全員が感激し、感動のあまりほとんどの人が泣き出してしまったほどです。

このような神秘的な符合によって今ここにいるという幸せを感じるに至り、その夜私たちのグループは本当に楽しく幸せな時間を過ごしていました。

果たしてそのとき撮った写真に、「喜びの精霊」が写ったのです。

雨は降っていないので、水滴ではない。レンズの汚れだとしたら前後のコマの同じ箇所に写っているはずなのですがそうではない。私は今まで過去10年の間に、同様の写真を800枚ほど見たことがありますが、白い〝もや〟のかたまりのような丸いものが写ることがある。

そして、このとき撮った写真にはとくに多くの精霊が写っており、1000個ほど写っていました。しかも、一つひとつをよく見ると、中に何か模様が詰まっています。これを拡大して見た人がいて、その人たちが言うには、「曼陀羅ですね」とのことでした。他の800枚もみな同様に、どうやらこれは白い〝もや〟ではなく何か中身の入っているものらしいということがわかりました。そして、大概のものは200万画素程度の普通のデジタルカメラで撮っているので、もっと画素数の高いカメラで撮ることができたら、その中身がどうなっているのかとても興味のあるところです。

「喜びの精霊」というのは東洋的な呼び方で、西洋ではこれを「エンジェル」と呼ぶらしい。私たちが肉体を持って存在している世界を三次元の世界といいます。そして、白い〝もや〟のかたまりとは、肉体を持たない四次元の存在ということになってくるのですが、この四次元の存在が、三次元にいる私たちのそばに寄ってきてくださるのはいったいどういうときか?

白い〝もや〟のかたまりが写るときの共通項を調べていくと、どうやらその場に居合わせた全員が、笑顔で喜んで楽しんでいるとき、ということがわかってきました。昼ごろまではひどい豪雨だったのが、雨がやみ、次第に雲が切れ始め、夕方には夕焼けが見えるほどの快晴に恵まれて、美しいおわら風の盆を見ることができたというのは、地球や宇宙を味方につけるための実践をしてきた集団だからでしょう。そして、そのような**幸運を喜び、楽しんでいる人間には、「精霊」が参加してくださる**、という因果関係がわかりました。

精霊の性格とは、とてもシンプルで、喜んでいる人にどんどん集まってくる。そして、喜んでいる人をもっと喜ばせるように働く。「つらい」「悲しい」と嘆いている人のところに寄ってきて励ましたりはしないらしいのです。

面白いことに、デジタルカメラで精霊が写ったことを確認しながら、みんなで喜びながら夜の町を歩いていたら、2階から外を見下ろしていた酔っ払いのおじさんで、うるさい、と怒鳴った方がいたそうです。盆踊りの夜にきている観光客に対して怒鳴る人がいるんだね、と言いながら、その後撮った写真には、まったく精霊は写っていなかったそうです。

一人でも怒ったり、それによってシュンとしてしまったりという人がいたときには、精霊は姿を現さないという性格のようです。

自分が正義だったら怒鳴っていいのではありません。これはどんな人間関係でも同じで、親が正論を言っているからといって子供に怒鳴っていいのではありません。自分が正しいことを言っていると思っても、妻や夫にひどい言葉を投げつけていいのではないということです。争ったり、怒ったり、声を荒らげたりすることで、喜びの精霊は全部いなくなってしまいます。

この話には後日談があります。このツアーの参加者で愛媛県松山《まつやま》市在住（正岡子規の影響で日本一俳句が盛んな町）のKさんというご夫婦がいました。ご夫婦で俳句を詠まれるのですが、帰宅してから、風の盆を詠んだ俳句というのは今までにかなりたくさん詠まれていて、風の盆の歌を投稿しても、なかなか採用されないだろうけれど、と思いながら句を作ってみたそうです。

ところが、その後の句会で、Kさん夫妻の風の盆を詠んだ句がなんと4つも特選を受賞したのでした。

胡弓の音　霧より来たり　霧へ去る

奥さんの句です。坂の多い町八尾のおわら節の踊りは、坂の向こうから、霧の中をふわっと踊り手たちが現れて、そして目の前で美しい踊りを踊り、そしてまた霧の中へ吸い込まれていく……9月1日の雨あがりの後、まだ霧が残る八尾の風景を詠んだ句でした。

月光を　受けし手のひら　風の盆

ご主人の句です。これも特選を受賞されました。

あのときの「喜びの精霊」が、Kさんご夫婦を守護してくださっていたのかもしれません。自分の力ではないところで、すごい力が働いている。自分たちの手の及ばないことがたくさん起きる。否定的な言葉を口にして精霊がついていなければ、すべてを自分一人の力でやらなければなりません。しかし、**精霊を味方につけることで、予想もつかないようなすごいことが、自分の身に起きてしまうようになります。**

そしてこれは、誰にでも起こる現象なのです。口から出てくる言葉がすべて肯定的で、どんなことに対しても否定的な言葉をまったく言わない、という「実践」をひたすら積み重ねていると、その結果、自分の行動が地球や宇宙のリズムと合うようになり、神様を味方につけることができます。

さらに、大事なことは、四次元の支援が得られたときに、自分の実力だと思わないこと。成果が表れると、私はすごい人なんだ、と自慢してしまう人がいるのですが、それは違います。そう思ってしまったら、神様はぜんぜん味方をしなくなります。神様が好む概念とは「謙虚」です。嫌いな概念は「おごり高ぶり、うぬぼれ、傲慢」です。だから、そういう**奇跡のような現象に恵まれたときに、「おかげさまでありがとうございます。みなさんのおかげです」と言っている人にだけ、ツイてる現象は続くようです。**

23 いちばん簡単な「功徳」

喜び合える人に囲まれる幸せ

「よい仲間」と行動をともにしていることは、「よかったね」と喜び合うことの連続。
それだけで猛烈に
「功徳」を積んでいるわけです。

「こんなラッキーなことがあったよ」という話を聞いたときに、人間には2つの反応があります。ひとつは嫉妬、ねたみ。もうひとつは、「よかったね」と一緒になって喜び、祝福してあげられる。

釈迦が残した言葉に「随喜功徳《ずいきくどく》」というものがあります。**人の喜びや幸せを喜んであげるだけで、徳を積むことになるのだそうです。**いちばん簡単な徳積みなのです。仏教の修行の中で、いちばん楽なものでしょう。

ということは、自分の周りに「今日はこんな楽しいことがあってね」という話ばかりしている友人をたくさん持っている人は、ただひたすら「よかったね」と言っているだけで、「功徳」を積み重ねていけるわけです。

「小林正観と行く国内ツアー・海外ツアー」というものが年に何回かあるのですが、その参加者はすでに私の講演会を聞いたり、本を読んだりしてくださっている方々だけなので、不平不満、愚痴、泣き言、悪口、文句を言う人が一人もいません。日常の中にただ喜びだけを見つける訓練をしている人たちです。そのような「よい仲間」を持っていることが、人生にはとても重要です。

そして、その旅行の間、みんなが集まると、**「こんなステキな景色を見た」「こんな面白**

いことがあった」という会話しかありません。40～50人の集団で、分乗する車も集合時間もほとんど行きあたりばったりの旅行なので、ときには思い通りにならないことや、予定外のことは当然起きている。しかし、誰も文句を言わないし、むしろ「予定通りにいかなかったおかげで、かえって面白い体験ができた」という話になります。通常、自分がお金を払って観光ツアーに参加しているというときには、添乗員さんにとても威張りたがる人や、自分勝手な行動の人、飛行機の時間が遅れれば苦情を言う人が必ずいるものですが、そういう人はまったくいない。

そして、常にそういう「よい仲間」と行動をともにしていることは、「よかったね」と喜び合うことの連続。それだけで猛烈に「功徳」を積んでいるわけですから、こんなに素晴らしいことはありません。

そう考えると、よい旅とは、どこへ行くかではなく、誰と行くかによって決まることがわかります。そのような**「よい仲間」に囲まれていれば、どこへ行っても楽しいし、また同時に、「特別にどこかへ行かなくても楽しい」のです。どこかへ行くから楽しい、のではなくなって、「どんなところでもいい」。**

「旅」を「人生」に置き換えても同じことです。喜び合える人間関係に囲まれて人生を歩んでいけるならば、台所でタクアンを切っているだけで、十分に幸せを感じられるようになります。

第6章

「押しつけない」のが得

24

得する男女関係

男性と女性、それぞれの役割

空っぽの箱である男性は、
女性が〝称賛〟という名のネジを巻くと、
一気に抜きん出た人物になっていく、
というふうに神様は造ったらしい。

人間の体には、約4000ccの血液があります。男性はそのうち1000cc失った段階で出血多量で死にます。男性はいくら偉そうにしていても、もともと生命力が弱い。女性は、4000ccのうち、なんと1500cc失ってもまだ生きているそうです。

1000cc失うと死んでしまう男性は、弱いということを悟られたくないがために、1500cc失っても死なないふうに見せようとして威張ってみせてきました。弱いものほど威張りたがるということ。

女性の場合は、1500cc失ってもまだ死なないらしい。それでは強すぎて人間関係が成り立たないので、もう少し弱々しく装ったほうが生きやすかった、というのが女性の立場です。1000cc失ったら死んでしまうという立場を装い、実際よりも弱そうにして生きてきました。

そういうわけで、どちらも1000cc失ったら死ぬかのように、お互い錯覚し、錯覚させながら生きてきたのです。

どれだけ男性が弱い存在であるかということを、女性のみなさんにぜひわかっていただきたい。そのことを知ったら、くれぐれも弱いものいじめをやめてあげてください。女性と同等かそれ以上の強さが男性にもあると錯覚しているから、どんなことにも男性がちゃんと耐えていけると誤解しているのでしょうが、男性はものすごく弱くてかわいそうでいたいけな存在なのです。まともにわたりあうのはやめましょう。男性と女性は根本的な造りが違うのに、それを同じだと思っているといつまでも折り合えない。

ちゃんとしている女性から見ると、全部正しいことを言っていればそれが男性にも伝わっているはず、と思っているのではないでしょうか。理解しているくせにやらないのだと思って頭にきていたのでしょうが、完全に誤解です。「理解できない」のですから。理解したうえでやらないのではなく、理解する力がないのです。

たとえば、夫がお風呂に入る前に、あっちこっちに服や靴下を点々と脱ぎ散らかしてしまっていて、「どうして脱衣所にまとめて置かないの！」と言っても、男性には通じません。

女性の、常識的で当たり前な話が必ずしもちゃんと伝わると思わないでください。男性は、正論で納得するようには頭の作りができていない。

これは、男性と女性とどちらが優秀かという話ではなくて、たとえば**パソコンを買ってきても、何もインストールされていない真っ白な状態のもの、それが男の子です。女の子はすでに買ってきたときからなぜかとても高性能なコンピューターです。**

そして男の子は、はじめの真っ白な状態にソフトをどんどんインストールしていけば、単なるバカな存在から、すべて優秀である女性を通り越して、天才へと育つ可能性がある。実は、男の子がバカのまま一生を終えるか、天才に育つかの境となる「ある外的な条件」というのがあります。

それは、〝身近にいる女性の称賛〟というものです。女性は優秀なので褒められなくても自分でちゃんとやれるのですが、男性はそうはいかない。弱いうえにバカだからです。そしておだてられると、男性はバカなので登れないはずの木にも登ってしまうのです。そういうわけで、女性から見れば男性はオモチャのようなもの。ゼンマイを巻けば動くし、切れれば動かない。そこのところが、男女の根本的・生物学的な違いです。これがなかなか理解されないがゆえに男女のコミュニケーションがうまくいかないことがある。

男性はバカ、という言い方に語弊があるならば、単純、と言い換えたほうが適切かもしれません。**称賛するとモチベート（動機づけ。やる気になる）されるのは、女性よりも男性、という傾向があるということです。**また、筋の通ったことに対して女性は納得しますが、男性は必ずしも納得しない、ということが言えるようです。

あっちこっちに脱ぎ散らかしてしまっている服や靴下でさえも、褒めてあげればいいのです。「そういうあなたが好き。ステキ」。すると男性は、そう言ってくれる女性の悲しい顔やつらい顔を見たくないので、そのステキな人が「もし脱衣所できちんと服をまとめておいてくれたらもっとステキなんだけど」と言えば「わかった」と言って、やっと理解する。

男性は、理屈や理論や正論で動く動物ではないんです。男性は理性的で女性は感情的だと思われていますが、まったく逆です。**男性は好きか嫌いかでしか動かない。女性は正義や正論を信じることができて、そっちのほうが感情よりも優先します。**正しいと思ったらすぐに自分のやり方を変える。正しくないと思ったら即座にやめることができる。

たとえばある政治家のスキャンダルが表沙汰になったとき、女性はまったく票を入れなかったのに対して、男性はその政治家を好きか嫌いかで判断するので、男性の支持者はあまり減らず、男性では投票した人が多かったそうです。

男性には正しいかどうかという判断力はないので、服をきちんと脱がないなど、奥さんの言うことをどうして聞かないのかというと、「嫌いだから」です。

そして、なぜ自分の奥さんを嫌いなのかというと、〝称賛〟してくれないからです。あらさがしばっかりで文句ばっかり言っているからです。**男性と女性は根源的に違うんだと**

いうことを覚えておいてください。男性は、生命力がもともと弱いために、〝称賛〟というエネルギー源が女性より多く必要で、それがないと生きていけないらしい。称賛がないとどんどんエネルギーダウンし、元気を失ってしまう。それをさらに、女性から理路整然と責められたりすると、男性はちゃんとしたことを言えないため、ひねくれたり、すねたり、会話がなくなったりするわけです。

男性は実は生命力が弱いので、偉そうにして強そうに見せてはいるのですが、実は支えてくれる人がいないと生きていけないように生物学的に神様が造ったらしい。女性は一人でも生きていけます。そして、空っぽの箱である男性は、女性が〝称賛〟という名のネジを巻くと、一気に抜きん出た人物になり、新しい文化・文明を創り出し、時代の先端を切り開いていく、というふうに神様は造ったらしい。

雷の日に凧《たこ》をあげていたバカな男の子がいた結果として、その子がのちに電気を発見するわけですが、そのような命があぶないようなバカなことを実行したり、変なことに興味を持ったりするのは男性がバカだからです。つまり**神様は、男性と女性の両方がいないと種が存続できないと同時に、そうでないと時代が進んでいかないというふうに造ったらしいのです。**

25

得する男の子の育て方

身近な女性の称賛が天才を育てる

女性は、男性に対して、
「大人であること」を示したほうがいい。
常に笑顔にはなれない、と思っても
そこは損得勘定で笑顔を作る。

身近な女性の〝称賛〟を浴びることができた男性は、ものすごく抜きん出る人になる。身近な女性とは、夫婦関係でいうと妻、親子関係でいうと母です。

称賛をしてくれる妻を夫は好きになります。男性は好きな人のためにはとてもよく働く。同様に、母親を大好きな男の子はものすごく勉強もするしお手伝いもしますが、母親を嫌いだと動きません。しかも、言われたことのすべて反対をやります。「弱い者をいじめちゃダメ」と言っても、母親を嫌いだと、母親が嫌ってくれるように動く。こんな母親に好かれたくないと思っているからです。逆に、**男の子は母親が大好きという場合には、なんでもやります。**仮に母親が「銀行強盗したいんだけど」と言ってみたとすると、男の子は「やる」となるわけです。正しさや正義は関係がない。

ひたすら称賛して、あなたはあなたでいいのよ、と言い続けること。こういう話をすると、「でも、そのままでいい、とは言っても、わがままを言うようになってぐずってしょうがないじゃないですか」と言う人がいますが、それは、今まで叩《たた》いて叩いて、意地悪をしてきたから。

好かれてない母親は、今日から正論を言うのをやめること。好かれていない母親がいくら強権、強圧的に言っても逆効果です。まずは1年ぐらいかけて好かれる母親になってから、にっこり笑って「こうしてくれるとお母さんは嬉しい」と言うと、やってくれます。感情的な母親、感情的な大人を、子供は嫌うし軽蔑する。自分の感情がコントロールできない大人を、大人とは認めないのです。

たとえば、子供は、「バカ」だの「アホ」だの「グズ」だのと言われたときに、そんなことないもん、と真っ赤になって怒ったり抗弁したり、ケンカになったりする。そのように、自分だったらケンカになるのに、**お父さんからアホ、と言われたお母さんが、「フッフッフ。どうしてわかるの？」と言ってニコニコ笑っていると、「大人」として認めるのです。**

好かれる親になるための絶対的な条件があります。子供は、自分では制御できない感情が、大人が制御できているのを見るとものすごく尊敬します。そしてそれを「大人」と認識する。制御できないのが「子供」。だから、「親」が自分に対して何を言っているか、何を指摘しているかということは問題ではなく、どんなときでも笑顔でニコニコして周囲と接している母親を尊敬します。そして、その尊敬している母親に言われたことは「はーい」と言ってやるようになる。その母親に好かれたいからです。

ところが、母親が自分の感情をコントロールできないで、ヒステリックに怒って怒鳴っているのを見ていると、なーんだ、ボクたちと変わらないじゃないか、むしろ、ボクが我慢できるのにお母さんのほうが我慢してない、お母さんのほうがよっぽど幼児じゃないか、と思う。ちなみにそれは夫から見てもそうで、幼児性を振りまいている妻には、だんだん疎遠になっていきます。

そして実は、男の子がそのまま大きくなった「夫」というものも、妻が、自分なら感情的になりそうな局面でニコニコしていられるのを見ると、オレよりも妻のほうがずっと大人なんだな、と夫は妻を尊敬するようになる。女性が感情を制御しないでそのままぶつけ続けていると、男の子からも、夫からも嫌われます。

女性は、男性に対して、「大人であること」を示したほうがいい。男性は何歳になっても幼児でしかないので怒鳴って威張り散らしているけれども、そんなものに対して**常に笑顔にはなれない、と思ってもそこは損得勘定で笑顔を作る。**ピクピクとひきつっていてもいいのです。別に心からの笑顔や称賛でなくてもかまわないのですから。そのようなちょっとした頭の切り替えによって、男女間、家庭内に円滑なコミュニケーションが成り立つようになります。

妻が、夫のあらさがしをして、夫の修正を図っていくと、本当にまったく鳴かず飛ばずのエネルギー不足の人になってしまいます。**身近な女性が称賛してくれると、ものすごくやる気が出て抜きん出るように男性は造ってあります。**男性はいくつになっても子供なのです。

この話を聞いて、「うちの夫がダメだったのは私のせいなんですね」と言った奥さんがいました。そう言っている時点でダメなのです。なんでもいいから称賛するほうがいい。

以前、そうして抜きん出た天才たち10人の共通項を調べた『天才たちの共通項　子育てしない子育て論』という本を書きました。トーマス・エジソン、手塚治虫《てづかおさむ》、チャールズ・チャップリン、福沢諭吉《ふくざわゆきち》、ライト兄弟、野口英世《のぐちひでよ》、ハンス・クリスチャン・アンデルセン、美空《みそら》ひばり、ヴォルフガング・アマデウス・モーツァルト、吉田松陰《よしだしょういん》といった天才たちの人生を徹底検証し、まったく新しい子育て論、教育論に行き着きました。

「ちゃんとした人になりなさい」「ちゃんと普通の人と同じようにやらなくちゃダメじゃないの」と、お母さんが言っていることが正しいのだから言うことを聞いて正しい人になりなさい、と言うたびに、天才の芽をブチッと摘んでしまっています。親が自分の正しいと思うことを子供に言った瞬間に、天才の芽をブチブチちぎり取っている、ということです。悪いところをさがしていちいち指摘をして、口うるさく言っていると、子供は枠をはずれた抜きん出た人にはなりません。

幼いころからずっと「あなたがあなたのままでステキよ」と言い続けられ、天才の芽を摘まれなかった子供は、ちまちました感覚で育たないので、その分「常識」の奴隷にならず、誰も考えつかないような天才になります。「普通の人になりなさい」と言った瞬間に普通の人にはなるんですけど、天才にはなりません。そして、天才になる度合い、または飛ばない鳥になる度合いは、女の子より男の子のほうがより強いということのようです。

あらさがしをせず、称賛しさえすれば天才に育つのだから、損得勘定で称賛すればいいのですが、夫はともかくとして子供に関しては、全員が天才の芽を持って生まれてきているのだから、損得勘定というよりは、親にそれをむしり取る権利はないということです。

「あなたが私の思い通りになったら愛してあげるけれど、思い通りにならないあなたは嫌い」というのは「愛していない」といいます。単に親がわがままなだけです。

「あなたがあなただから、愛している」と言ってあげられること、「私の思い通りになっても、ならなくても、愛している」と言えることが「愛している」ということです。「私の思い」と「子供」は関係がない。

ちなみに母親が子供から嫌われて子供の心に入り込めなかった分だけ、父親がわずかに子供の心に入り込むことができますが、母親も父親も尊敬されず、どちらの親も入り込めなかった心に、わけのわからない宗教などが入り込むことになるのです。

そして夫に関しては、本当に心から思っていなくていいですから、なんでもいいから称賛を浴びせること。「そのオヤジギャグがとってもステキよね」など、なんでもいいのでとにかく褒める。そうするとどんどん元気になり、よく働くようになります。男性の才能を開花させるのは、女性がカギをにぎっているのだということを、試してみると面白いと思います。**女性は実は、「強い」「賢い」ということを、あまり表に出さないほうがいい。**もともと男女は不平等な存在であり、男性のほうには非常に大きなハンディがあるのです。

これからは、かよわい男性を温かい目で見守ることにしましょう。

26

得する女の子の育て方

女の子は母親のコピーとして育つ

女の子は母親の言っていることではなく、
行動を見て育つのです。
口でどんなによいことを言ってもダメで、
生きざま、態度が重要です。

男の子を天才に育てる方法はわかったのですが、女の子はどうやって育てればいいんですか、と聞く人が必ずおられます。

女の子は、母親のコピーとして育ちます。ゴキブリを見たら「キャー」と叫んでスリッパでバシッと叩く、という母親の姿を見ていた娘が、大人になってゴキブリを見ると、同じように「キャー」と叫んでスリッパでバシッと叩く、それを見ていたその娘はまた「キャー」と叫んで……という具合に、母親の行動を学んで育つので「キャーの遺伝」と名づけましたが、**女の子は母親の言っていることではなく、行動を見て育つのです。**

たとえば、友人が家に遊びにきていて、一緒に楽しそうにお茶を飲んでおしゃべりをしていたのに、友人が帰ったとたん、その人の悪口を言い始めるという母親を見て育った娘は、大人になって同じ行動パターンを身につけます。

母親が娘を見て憎悪を抱くのは、そこに自分の嫌な面を見るからでしょう。ですから、娘をいい子に育てようと思ったら、口でどんなによいことを言ってもダメで、生きざま、態度が重要です。

「自分の子供を殺す母親」には、共通項があります。それは、自分の母親に「あなたなんか生まれてこなければよかった」「産むつもりじゃなかった」と言われた娘であるということ。親子ゲンカをしたときに、母親がこの言葉を言うと、娘はとても傷つき何も言い返せなくなる。そして母親は、娘を黙らせることのできるオールマイティーな切り札として使うのでしょうが、その言葉を言われた娘は、必ず自分が産んだ子供に対しても同じセリフを言うようになります。そして、仮にその娘が自分の子供を殺さなかったとしても、代々その家系にはその言葉が言い継がれていって、何代か後に、我が子を殺す母親が出る可能性がある。

ですから、その代々受け継がれた「遺伝」はどこかで断ち切らなければなりません。実は子殺しの原因は、何気なく言ってしまっている自分が作っているのかもしれない。

しかし、もし子殺しをしてしまった母親がいたとしても、その人の**母親に「本当はあなたをいとしく、かわいく思っている」と言ってもらうことができれば、愛情や優しさがその人の中に再び生まれることができます。**

第7章

「思いを持たない」のが得

27

自分が太陽になる

他人のことは今この瞬間に忘れる

自分の思い通りにしよう、
と思わないこと。
人生の中に悩み、苦しみは
まったくなくなります。

2ヶ月に1回のペースで、関東と関西で合宿を行っているのですが、そこにこられたあるご婦人がこのような相談をなさいました。

夫が気性の激しい人で、20年間、子供や、自分に対して怒鳴り続けてきてとてもつらい思いをしてきた。20年間怒鳴られ続けた息子が、引きこもりになってしまい、もう2年間も部屋から出てこない。家庭の中はもうまったく笑顔がなくて、暗くつらい日々を送っているのだが、どうしたらいいでしょうか。ということでした。私はこう申し上げました。

「あなたの顔を見ていても、ぜんぜん明るさがないですよね。この合宿中3日間ほど一緒に過ごしましたが、一度も笑いませんでしたよね。どうしてですか？」

「だって結婚してからこの20年間ずっと夫に怒鳴られて怒鳴られて、子供も不機嫌になり萎縮して引きこもってしまうし、まったく楽しいことがないつらい日々なので、笑顔になんてなれません」

「家の中が暗い、というのは、3人家族で100％とすると、3人のうち1人が担っているのは33・3％ということですよね。で、今あなたが考えていることは、夫を明るくしたい、子供を明るくしたいということを願っているのですよね」

「はい」

「では、私の提案。**夫のことも子供のことも、今この瞬間に忘れてしまいましょう。自分だけが、どう人生を楽しむかだけを考えることにしたらどうですか。**怒鳴っている夫は無視。引きこもっている子供も無視。自分がその家族のことを考えて暗くなっているということに気がついてください。あなたが笑顔になって明るくなったら、家の中は33・3％笑顔になって明るくなるわけです」

えー、そうは言っても……だって夫がこうで子供がこうで、とその方は言い続けました。それから2ヶ月後、またその方は参加されました。また同じ相談をするのでまた同じことを言いました。いちばん暗いのはあなたなのではありませんか、と。

それからさらに2ヶ月後。彼女はまた合宿にやってきたのですが、このときは、とてもニコニコ顔になっていたのです。他の参加者も驚くくらいの変化でした。前回までは、無表情で暗くつまらなそうな顔をしていたのに、いったい何があったのですか、と、みんなに聞かれることになった。すると、こんな話でした。

「4ヶ月前には理解ができなかったけれども、20年間苦しんできたのだから、もう正観さんの言う通り、夫のことも子供のことも、考えるのをやめようと思いました。そして、人生を楽しもうと思って、大学時代に社交ダンスをやっていたことを思い出し、近所のスクールに通い始めたのです。すると、ある日、食事の支度をしているときに、息子が、『お母さん、最近なんか変。どうしてそんなに楽しそうにしているの？』と言うのです。そのとき、『もう私は、人生の中にお父さんもあなたも関係ない。好きなだけ引きこもっていなさい。私はお父さんにもあなたにも関心がなくなったの。私は社交ダンスをやり始めて、楽しくて楽しくてしょうがないから、あなたは勝手に部屋にこもってなさい』と言うことができたんです。そしたら、なんと息子が『ボクも行こうかな』と言い出しました」

今では、息子も一緒にダンススクールに通うことになり、家の中が66・6％明るくなったということです。

夫と子供を変えようと思っていたときは、20年間かけても笑顔にならず、100％暗かったのです。他人を変えようと思っても無駄で、何ひとつ解決しません。他人は他人で自分の人生を気に入って生きているのだから、**自分の価値観で、こういう生き方がよい、正しい生き方だと言うのをやめましょう。それをやめることができると、悩み、苦しみ、苦悩、煩悩がなくなります。**妻も夫も子供も舅《しゅうと》も姑も上司も社長も専務も部下も先輩も後輩も、あらゆる自分の体の外の状況を自分の思い通りに作り替えようとするのを、やめる。

「悟り」とは、「受け入れる」こと。自分の思い通りにしよう、と思わないこと。人生の中に悩み、苦しみはまったくなくなります。自分がどう生きるかだけに徹する。それが、楽しそうで幸せなものであれば、必ず周りの人が影響を受けて、「どうしてそんなに幸せそうなんですか?」と聞きにくるけれども、つらい、苦しい、つまらない、嫌だ、嫌いだ、疲れたと言いながら生きている人だったら、誰も影響を受けません。

世の中が暗いじゃないか、ひどいことがあるじゃないかと言って指摘ばかりしている人の周辺が、いちばん暗い。実は、世の中を暗くしているのは、そうやって指摘ばかりしている人かもしれない。しかし、その人たちを評価、論評することも本当はすべきではない。この人たちも、勝手にやっていればいいわけで、「私」がどう生きるかだけ。

周りが暗くても、「私」が光って太陽になって、その闇を照らすような人になるというのはどうでしょう。

28

佐賀県の宝くじ

当選には「ある意志」が働いている

神様は常に、
「この現象の中から、
ある種の事実を読み取りなさい」と、
私たちに現象を見せているように思います。

2003年、年末の集計によると、1億円以上の宝くじが全国のそれぞれの県で平均166万本に1本当たるという確率だったそうです。ところが、なぜか佐賀県だけは、80万本に1本の確率で当たったのです。どうして佐賀県にこんなに偏ったのでしょうか？

テレビニュースに宝くじ研究家という人が出て、今年は佐賀県だけが平均の2倍という確率で当たっていますがどうしてですか、と聞かれてこう答えていました。

「今年は佐賀県がツイていたんですね」

どうもそういうことだったらしいのです。佐賀県に、神様がツイていたらしい。この年に、佐賀県のことを歌った芸人の歌がヒットし、紅白歌合戦に出ることになったというのも、偶然ではないような気がします。1道2府1都43県のうち佐賀県だけがものすごく脚光を浴びることになった。

佐賀県唐津《からつ》市の高島《たかしま》という小さな島に、宝当《ほうとう》神社という神社があります。この島は近年過疎化が進んだため、この神社を中心として島おこしをしようということになりました。神社の「宝当」の文字にあやかって、宝くじが当たるかもしれませんね、というふれこみで、インターネットのホームページを開設し、アピールしたところ、まったく観光客が訪れなかった離島に、この5年ほどの間で全国からずいぶんたくさんの人がくるようになったのです。

実は、この島おこし計画の際に、「宝当袋」というものを、島のおばあちゃんたちが手作りをして売ろうということになりました。その袋の中に、買った宝くじを入れて、宝当神社にお参りをするとご利益がありますよ、というわけです。

ところが2002年、この**宝当袋を縫っていたおばあちゃん二人に、なんと、1億円の宝くじが当たりました。**不思議ですが本当なのです。わずか人口470人（編集部注＝2024年現在は194人）の島で、二人も1億円が当たった。

そのことがあってから、この神社は本当にご利益があるというので一気に全国に広まり、お参りをした人の中から当選者が出て、テレビや雑誌などに紹介され、宝くじが当たる神社として一躍有名になったのです。

2003年に高島を訪れた観光客は20万人。佐賀県の宝くじ売り場には1000〜2000人の行列ができました。佐賀県で行列ができること自体、史上初だそうです。めずらしいので、テレビ局が取材に行きました。行列の人々に「どちらからおいでですか？」とたずねると、「熊本県です」「大分県です」と、ほとんどの人が、県外から宝くじを買いに、わざわざやってきた人でした。

ただ、この話のポイントは、**「この袋に宝くじを入れてお祈りをした人に宝くじが当たりますように。この島を訪れた人が、幸せになってくれますように」と、心を込めて袋を縫っていたおばあちゃんに、1億円が当たったということです。**

この話をつきつめて考えてみると、みなさんはこれから宝くじを買ったらどうすればいいと思いますか？　当たったら家を買うぞとか、自分のためにどうやってお金を使おうかということしか考えていない人には、当たりにくいという法則が見えてきます。この話から、四次元的な「神」ともいうべき力が存在していると思えるのです。偶然に当たるのではなく、明らかに「ある意志」が働いている。神様は常に、「この現象の中から、ある種の事実を読み取りなさい」と、私たちに現象を見せているように思います。

もし仮に当たった場合は、自分のエゴを満たすためにでなく、喜ばれるように使う決意をすること。他人の幸せを願う気持ちを持っている人にだけ、お金が運ばれてくるようになっているらしい。「自分のために使うのでなければ、当たってもつまらないじゃないですか」という声が聞こえてきそうです。そう思っている人には宝くじは当たらないのでしょう。本当に自分の生き方の問題として、**「喜ばれる存在」になるという決心ができた人には、必要なだけのお金がくるようになっている。**実際、高島のおばあちゃんたちは、自分に幸運が舞い込みますように、と思って縫っていたわけではない。人の幸せを願っていたら、自分がまず先に幸せになってしまった、というお話なのです。

29

佐賀県のトイレ掃除

宝くじの当選確率が2倍になる

臨時収入があるとか、ウツが治るという損得勘定でトイレ掃除をしているわけで、トイレ掃除がよいことであるから、と思ってやっているわけではありません。

佐賀県にはもうひとつお金に関する話があります。

私は1995年ころから、トイレ掃除をやり続けていると臨時収入がある、という話をしてきました。そして、佐賀県唐津のOLの方で私の講演会を聞いた人が、「トイレ掃除をやり続けていたら、かかえていた悩み苦しみが全部消えて楽になれた」という自らの体験を会社の同僚に話したところ、影響を受けた人が次々にやり始めたのだそうです。

現在、その会社の社員約120名の人が、毎日公衆トイレを30ヶ所まわり、手を突っ込んできれいにしているとのこと。少ない人でも1日に10ヶ所はやるそうです。自分の家のトイレだけでなく、そのほかに30ヶ所というのですからすごい話です。

その人たちが言うには、「今、唐津を中心として佐賀県内の公衆トイレは、どこに入ってもピカピカにきれいですよ」とのことです。たしかに毎日120名もの人が、自分の会社の商品を売る努力をやめてそのかわりに佐賀県中のトイレ掃除に奔走しているのですから。そして、「ここはあまり知られていないだろうから」と穴場の公衆トイレを探し出し、入ってみるとすでにトイレットペーパーが三角に折ってあり、ピカピカに掃除されていることがあるので、「しまった、先を越された!」と言って悔しがるのだそうです。そして一日中汚れているトイレを探しまわっている。

不思議なことに、営業努力をしていないにもかかわらず、不況下においてもこの会社はまったく経営難に陥っていないのです。それどころか、**トイレ掃除を始めたあたりから、なぜか商品の注文の電話がどんどん入るようになった。**こちらからはぜんぜん営業に行っていないのに、勝手に電話がくるのだとか。

その会社の社長さんが直接知っているかぎりでも120人ですから、その120人の方々の周りで、さらにうわさを聞いてトイレ掃除をやっているという人が佐賀県内でたぶん500〜600人はいるにちがいない。さらに、月に1回ぐらいは公衆トイレの掃除をやってみようかな、という人は1000人くらいいるのではないだろうか、というお話でした。ということは、佐賀県は、全国でいちばんトイレ掃除をしている県かもしれません。

ここで、2003年は佐賀県だけが、なぜか1億円以上の宝くじが当たる確率が2倍以上になっていた、という話を思い出してください。これは偶然とか誤差の範囲ではありません。これは間違いなく統計学上突出した数字であり、何か人知を超えた意志が関わっているとしか言いようがない。それは、もしかすると佐賀県の方々の集団トイレ掃除の結果として、富が降ってくることになったのではないでしょうか。

唐津で私の講演会を主催された方が（その方は１２０人が毎日トイレ掃除ばかりしている会社の社長さんなのですが）、こんな体験談を話してくださいました。すごい公衆トイレに出会った、というのです。

実は、詰まって流れなくなってしまったトイレがあったそうです。そのあまりのすごさに、さすがのその社長さんも一瞬たじろいでその場を去ろうかと思ったほど。ところが、その方は今までもけっこう汚れた公衆トイレを掃除してきた方だったので、自分にできるだろうかと思い、ワイシャツをまくってその詰まっているところに手を突っ込んだそうです。そして、奥のほうの詰まっているものを取り除き、水を流したら無事に流れた、ということでした。

それ以来、本当にどんな汚いトイレでも平気になってしまったそうです。いろいろな状況が、もうなんでもなくなってしまった。

そして、その社長さんの話を聞いた社員１２０人のトイレ掃除の状況も変わったそうです。ある女性社員が、詰まっているトイレを見つけてしまった。で、社長の武勇伝を聞いていたし、自らも何度も手を突っ込んで掃除をしてきた方だったので、意を決してやってみたそうです。その結果、とても爽快感を味わうことができ、やってよかったと心から思うことができたそうです。それからというもの、**金銭的なことや、仕事について、まったく悩みやトラブルがなくなってしまった。**それからはもう何も心配せず、ただトイレ掃除をしているということです。

そのような、掃除のやりがいのあるトイレを見つけたらラッキーだと思います。詰まっているトイレというのは、そうめったにあるものではありませんから。詰まったトイレに出会わない人生を「つまらない」といいます。

私の周りの人たちは、臨時収入があるとか、ウツが治るという損得勘定でトイレ掃除をしているわけで、トイレ掃除がよいことであるから、と思ってやっているわけではありません。それなのにそういう方たちは、道具も使わずに、このような猛烈なトイレ掃除ができるというのは、楽しくてすごい話です。

30 トイレ掃除のもうひとつの効能

1ケ月～半年で全員ウツが治った

トイレ掃除に関して
臨時収入があるという事例だけではなく、
「精神が安定する」という報告も
たくさんいただきました。

ある方から、トイレ掃除に関してこのような報告をいただきました。

公衆トイレに入ったときに、内側のドアノブが、なぜかべっちょりと汚れていたことがあったそうです。その方は、それまで自宅のトイレ掃除はしていましたが、なかなか公衆トイレの掃除はできなかったとか。しかしこのとき、どういう事情なのかはまったく想像できませんが、とにかく、内側のドアノブについていたのを知らずに触ってしまったのです。そのとき「そういえば、正観さんのお話の中で、**トイレ掃除は素手でやったほうが臨時収入のゼロがひとつ増える**ということを言っていた」というのを思い出し、それをやればいいということなのかなと思い、意を決してそのトイレをピカピカに磨いたそうです。そうしたら、とても気持ちがすっきりした。それからは、自宅のトイレも、公衆トイレも、すべてきれいにして出てくるのが当たり前になったとのことです。

不思議なことに、なぜかそれ以来、子供に対して怒鳴ることがなくなったというのです。**怒らなくなって、イライラしなくなって、いつも冷静でいられるようになり、今が人生の中でいちばん心が安定し、楽しいとのことでした。**臨時収入があるという事例は今までたくさんの報告を受けていましたが、トイレ掃除の効果としては実はそれだけではなく、「精神が安定する」という報告もたくさんいただきました。

以前、1年に12人のウツ患者の方が私の前に現れたので、「治りたいのですか」と聞いたところ、8人の方が治りたいと答え、4人は治りたくないと答えました。よく、親戚や友人にウツの人がいて、治してあげたいのですがどうしたらいいでしょう、と私に聞きにくる人がいますが、「本人の確認をとりましたか」「いいえ、とっていません」「ではどうして治してあげたいと決めるのですか。本人はウツでいたいかもしれないじゃないですか」と申し上げてきました。

本人がウツを治したいと思っていないなら、周囲の人間がそれを治さなきゃいけないと思うのは、余計なおせっかいなのかもしれません。そのときは、12人のうちの8人が、自分のウツを治したいとおっしゃったので、**「では、トイレ掃除をやってみてください」**と言いました。治りたい人はワラにもすがる思いでやるのです。すると、8人とも、ウツが治ってしまった。いちばん短い人で1ヶ月、長い人も半年ほどで治ってしまいました。なぜかはわかりませんが、治ったという事実が存在するのです。

31

2時間でウツが

ウツは、あなた自身が治せる

たとえ妻から
どんな言葉を浴びせられようと、
自分は言葉の「祝福神《しゅくふくじん》」を言っていけば、
ウツが治るかもしれない。

人間は、否定的な言葉（つらい、悲しい、つまらない、嫌だ、嫌いだ、疲れた、愚痴、悪口、文句、恨み言葉、憎しみ言葉）だけを毎日言ったり浴びたりしていると、心身ともにダメージを受け、エネルギーダウンしてしまうらしい、ということがわかりました。

健康な人でも、肯定的な言葉を一切言わないで、ただひたすら否定的な言葉だけを言っている、あるいは浴びていると、3ヶ月ほどでウツになるようです。

したがって、トイレ掃除のほかに、もうひとつウツを治す方法として「嬉しい、楽しい、幸せ、愛してる、大好き、ありがとう、ツイてる」という肯定的な言葉（**私はこの七つの言葉を、七福神ならぬ「祝福神」と名づけました**）だけを言い続け、否定的な言葉を言わないでいると、もしかして3ヶ月ほどで元気になるのではないか、と思いました。

そしてある日の講演会のときに、この仮説を紹介したところ、講演会終了後に私に話しかけてきた女性がいました。

「質問してもいいですか」。まったく明るさのない暗い口調です。

「実は私は10年間ウツなんですが、嬉しいとか、楽しいとか、幸せなどという言葉は出てこないし、いくらそういう言葉がよいと言われたって、言いたくありません。笑っている人がいると、その笑顔を見たくありません。笑い声を聞くのも嫌です。喫茶店では笑顔の人が視界に入らないように席を移動します。耳をふさぎます。耳をふさいでもまだ笑い声が聞こえてしまうときは、その人を排除したくなる。私みたいな人間はどうしたらいいんですか……」

　というのがその方の質問でした。

「あなたは今まで10年間、いろんな先生の話を聞きに行かれたのでしょうね。そしてそのたびに、今のような質問をされてこられたのでしょうね。その先生方はみなさん優しい方ばかりで、あなたの話を聞いて親身になってアドバイスをしてくれたでしょう」

「はい」

「今あなたの目の前にいる小林正観という人間は、あなたがこの10年間に会ってきた人の中で、いちばん冷たい人間かもしれません。私は、今の話に対して、ああすればいい、こうすればいいという懇切丁寧なアドバイスはしません。そんなつもりで講演をしているのではないからです。あなたは勘違いしています。私は、あなたにウツを治してくださいとお願いにきているわけではありません。今まであなたは、偉い先生や、病院の先生が治してくれると、または薬が治してくれると思って10年間それらに頼って生きてきたのでしょうけれど、治らなかったのですね」

彼女は黙ってうなずきました。

「私の話は、何かがウツを治してくれるという話ではありません。何者かが人を幸せにしてくれるという話でもない。**あなた自身がウツを治せるかもしれない**という話をしたのです。物事の法理法則をお教えしましたが、最終的にそれをやるのは本人。治りたいんだったら、本人がやってみる。それだけ」

その方は、そうですか、とだけ言って、まったく無表情のまま帰っていきました。

1週間後。

兵庫県宍粟《しそう》郡山崎《やまさき》町（現・宍粟市）で関西の合宿をしていたとき、電話がかかってきました。

「先日、講演会の後にウツと言った者なんですけど、覚えていますか」

と言うので、覚えています、一人だけそういう人がいましたね、と言うと、

「実は、あれから帰って、嬉しい、楽しい、幸せ、愛してる、大好き、ありがとう、ツイてるという言葉を3000回言ってみました」

「ほう」

「それで、1週間で、ウツが治ってしまいました」

と言うのです。

本人が、ウツが治ったと電話してくること自体がすでにすごいことですが、１週間でウツが治った、という事実にも驚きました。

さらに、そのとき私はこんな提案をしました。明日はちょうど土曜日なので、この週末、今私が滞在している宿に遊びにきませんか。すると、意外なことに、行きます、との返事。

その宿は、私と一緒に合宿をするという人たちが集まる宿なのですが、彼女は誰とも知り合いではないし、それまでぜんぜん知らなかった宿でした。それなのに突然明日くるというのですから、これは本当に彼女のウツは治ったのだと思いました。

翌日、本当に彼女はやってきました。２００㎞も一人で車を運転して。そして、その宿で15人ほどの人たちと一緒に、夜中の3時ごろまでたいへん楽しそうにおしゃべりをして過ごしました。その宿に居合わせた人たちの誰もが「彼女がウツだったなんて、信じられない」と言ったほど、本当にウツは治っていたのです。

それからさらに1ヶ月後。今度はこの話を聞いた別の人が登場します。

１週間でウツが治ってしまったこの女性の話を、別のある講演会でしましたら、その後で、一人の男性がこんな話をしてくれました。

実は1年前からウツになり、会社へもほとんど出社できない状態になっているのですが、その原因はわかっているのだそうです。自分の妻が、家の中で常に否定的なことばかり言っているので、それで自分は元気がなくなってしまったのだと思う、ということでした。

しかし、今日の話を聞いて、たとえ妻からどんな言葉を浴びせられようと、**自分は言葉の「祝福神」を言っていけば、ウツが治るかもしれないということがわかったということでした。**

「そう思ったらとても明るい気分になれて、1日1000回言っていれば、3日間で3000回言えることになるので、3日間でウツが治せるかもしれないと思い、今はとてもワクワクして、楽しい気分なんです」

とおっしゃいました。それを聞いて私は、もうあなたはウツが治っています、と申し上げました。なぜなら、ウツの人はワクワクなんてしないのですから。治ったからワクワクしているんですよね、と言うと、彼も「あーっ」と叫び、「そうですよね」と笑顔になりました。

結局、彼は実例を聞いたわずか2時間で、ウツが治ってしまったというわけです。

第8章

「自力で生きない」のが得

32

損得勘定は真の「実践」

効果はやった人だけが実感できる

神社へ行って「お願いごと」をしないというのも、
損得勘定です。邪心があってもいいから、
ただ「ありがとう」と言っていると、
面白いことが起き始める。

トイレ掃除の話を、私は宇宙法則としてみなさんにお話しすることはありますが、自分の家族に「トイレ掃除をしなさい」と言ったことは一度もありません。

よく「正観さんの話を聞いて、自分の価値観がとても変化しました。もっと多くの人に、このような素晴らしい価値観を知らしめたい。そして人々の価値観を変えたいです」という方がいらっしゃるのですが、あまりお勧めしません。

たとえば、**「ありがとう」という言葉はすごい効果があるらしい、ということも、やった人だけが実感できる。**やるかやらないかはその人自身の問題なのです。

神社へ行って「お願いごと」をしないというのも、損得勘定です。邪心があってもいいから、ただ「ありがとう」と言っていると、面白いことが起き始めるので、結局、三次元的な損得勘定をしないことが、本当の損得勘定なのだという結論に至りました。

トイレ掃除も自分がやるだけです。臨時収入があることを妻や子供に教えてしまうと、そっちにお金が行ってしまう。もったいなくて教えられません。よその家の人に教えるのはかまいませんが、同じ家に住んでいて同じトイレを使っている家族に教えてしまうと、自分のやる分がなくなってしまうではありませんか。

それが本当の損得勘定であり、本当の意味での「実践」ということです。

33

「人格者」にならなくていい

人間の心の「9つのレベル」

人格者になることを目指したわけではないが、
損得勘定を身につけた結果として、
人格者になってしまう、
という構造があるのです。

一見理不尽な、不幸な現象が起きたときに、そのことについて、不平不満、愚痴、泣き言、悪口、文句を言うか言わないかを問われています。まあ、そういうこともあるよね、と言いながらニコニコしていると、「合格」と言ってくれる方がいます。守護霊さんです。別名「おかげさま」とも呼びます。おかげさまから合格印をもらえると、その後、けっこう楽しい人生が始まります。

人格レベルが上がってきて、いろんなことに一喜一憂しない、嫌なこと、人、現象がない、そういうことを決めているのは全部自分だということに気がついて、どんなことがあってもニコニコしているという人を「実践者」と呼びますが、そういう実践ができるような人格者になると、人格者になったがゆえに問われる現象というのがあるんです。

「あなたの勉強は本物ですか？」

「これでもあなたはイライラしませんか？」

というふうに、「お試し」の現象が起きる。それが卒業試験だと思ってください。それを笑顔で乗り越えると、人格上の中学校卒業くらいです。そして、それをクリアすると、何年か後に、今度はそれよりももっと大きな高校の卒業試験レベルの、一般的に見て不幸な現象が起きます。しかしそれは人格が上がらなければ起きなかったのです。神様から試されている。
人間の心には、９つのレベルが存在します。

①一般的に多くの人が嬉しい、楽しいと思う現象について、「喜ぶ」ことができる
②一般的に多くの人が嬉しい、楽しいと思う現象について、「幸せ」を感じる
③一般的に多くの人が嬉しい、楽しいと思う現象について、「感謝」ができる

ここまでは「初級」です。

④一般的に多くの人が当たり前と思うことについて「喜ぶ」ことができる
⑤一般的に多くの人が当たり前と思うことについて「幸せ」を感じる
⑥一般的に多くの人が当たり前と思うことについて「感謝」ができる

ここまでは「中級」です。

⑦一般的に多くの人が不幸と思うことについて「喜ぶ」ことができる
⑧一般的に多くの人が不幸と思うことについて「幸せ」を感じる
⑨一般的に多くの人が不幸と思うことについて「感謝」ができる

これが「上級」です。

このように、初級、中級、上級の3段階の中に、さらにそれぞれ3つの段階が存在します。そして、レベルが上がるときに、お試しの現象（事件）が起こるようになっているようです。


宇宙法則として、「投げかけたものが返ってくる」というものがありますが、自分に返ってくるものについて「宇宙は倍返し」という方程式があります。そして、投げかけたものが返ってこない間、不平不満、愚痴、泣き言、悪口、文句を一切言わない、ということで、2倍のものが返ってくるようです。非常に律儀な宇宙の倍返しなのです。

ですから、もし人生の中で、普通だったら不平不満、愚痴、泣き言、悪口、文句を言ってしまうような出来事が起こったら、「きた！」と思ってください。ついに私も試験を受けるところまで人格の修練を積んできたのだなと。

それに**「合格」できると、自分にとって楽しい出来事が起き始めるようになっている。**

きちんと給料をもらえる、妻も舅も姑も子供もみんな優しい、睡眠も足りている、というときにニコニコしていられるのは誰でもできることで、これは人格者とは呼びません。給料が払われない、配偶者がわからずや、子供が言うことを聞かない、自分の体調も悪い、睡眠も足りていない、というような1000人中1000人がイライラしてしまうようなときに、ニコニコしていられるかどうかを問われているのです。「この状態でもニコニコできますか？」と宇宙が現象を降らせてくるらしい。

何度かそのような試験を経て、大学卒業レベルの試験に「合格」すると、もうきません。

こういう構造がわかって、本当に損得勘定で動くようになった自分ができあがると、外から見るとちょっとした「人格者」に見える。損得勘定と人格者というのは、かけ離れた概念ではありません。怒ったり、愚痴、泣き言を言ったりしていると血圧が上がる、胃液が濃くなって胃潰瘍になる。どんどん体が壊れて死ぬ方向に行く。つまり、そういうことが損だとわかると、不平不満、愚痴、泣き言、悪口、文句を言わなくなるのです。人格者になることを目指したわけではないが、損得勘定を身につけた結果として、人格者になってしまう、という構造があるのです。

34

宇宙は裏返し構造

人が考えるものは、神仏からは逆さに見える

どうにかしよう、と思って努力するよりも、
神様や宇宙を味方にして
今この瞬間を生きていくことのほうが、
実は早道なのかもしれません。

ガンを宣告され、毎日さまざまな健康法、食事療法を5年間続けてきた、という方がおられました。その結果、ありとあらゆる頼まれごとをすべて断って、自分の健康をとりもどすことを第一として生きてきた。しかし、5年経ったところでふと「私はなんのために体を治そうとしているのだろうか」と思ったそうです。頼まれたことをすべて断って生きてきたのですから。元気になったらやるけれども、元気になるまでは病気のせいで引き受けられない、と5年間思い続けてきたそうで、その結果、なんのために生きているのかわからなくなった。

そのときにたまたま私の講演会においでになって、「人生は頼まれごとをすること」という話をきっかけに、**これからは自分が何をしたいかではなく、もういつ死んでもいいから頼まれごとをして喜ばれるという人生に切り替えよう**、と決意なさったそうです。自分の病気を治してから頼まれごとをやろうと思っていたけど、それでは今この瞬間は生きていることの意味がぜんぜんないではないか、と思い、次の日から頼まれたことをやり始めたのです。毎日病気を治す健康法のために費やしていた時間やお金を、頼まれごとをするために使い始めた。そして、それ以来すでに3年経ちますが、その後忙しくて、一度も病院へ行っていないそうです。とてもお元気そうでした。

もし、神様という存在が上から見下ろしていたとすると、その人が病気であるかどうかは関係がない。喜ばれる存在をまったくやっていない5年間は、神様はこの人を応援支援しようとは思わないかもしれません。その人がどんな病気を背負っているかではなくて、喜ばれる存在であるかどうかを神様は見ているらしく、病気であろうがなんであろうが、その与えられた状態の中で、喜ばれるようにと思って生きていたら、神様は、この人をもうちょっと長生きさせようかな、と思うのではないでしょうか。なぜならこの人が生きていることが、周りを喜ばせているのですから。

私たちは、長生きをすることがテーマなのではありません。生きている間にどう喜ばれるか、だけです。それを実践して生きていくことが、「神様を使いこなす」という意味です。喜ばれることをやっていれば、神仏が支援の側にまわる可能性がある。

かぎられた条件のもとで、たとえば病院のベッドの上にいても、お見舞いにきてくれた人に、不機嫌にならずに笑顔で、穏やかに応対して、その人をホッと安心させて帰ってもらうことができたら、それだけで喜ばれたということです。そういう一瞬一瞬の積み重ねをやっていけば、それ以外のことはいらないのです。

『般若心経《はんにゃしんぎょう》』の一節に「遠離《おんり》一切《いっさい》顛倒《てんどう》夢《む》想《そう》」という言葉があります。**普通の人が考える幸**

や不幸、損や得というものが、神仏からはまったく逆さになっているように見える、ということです。要するに、一切の執着を遠ざけよ、と釈迦は言っています。それを私流に言うと、「宇宙は裏返し構造」ということです。ある一点について問題をどうにかしよう、とか、ある人に好かれたいとか、この商品を営業努力によって売りたい、と思って努力するよりも、神様や宇宙を味方にして今この瞬間を生きていくことのほうが、実は早道なのかもしれません。

35 ガンが治った人たち

ガンは闘わない人の体の中では増えない

「ストレスを感じない人」とは、ストレスをはね返すような強さを持っていることではありません。やわらかい人のことです。

私の講演会を何度か聞いていらっしゃる方で、子宮ガンで余命３ヶ月と宣告をされた方がいました。そこでその方は、すべての友人２００人ほどに、余命３ヶ月と宣告されたことを伝え、思い出作りをしたいので遊びにきてほしい、と連絡したそうです。おいしいものを食べたり、オールナイトの映画を見に行ったり、観光に行ったり、とにかく友人と最後の楽しい思い出を作ることにした。そのように３ヶ月毎日遊び歩いていたのですが、夫も子供も温かい目で見守ってくれたそうです。

そして、本人も周りの友人たちもみんな楽しい思い出を作ることができて、もういつ死んでもいいと思えるような状態で毎日過ごしていたところ、なんと３ヶ月経っても死ななかった。そして半年経っても死ななかった。さらにそのまま10ヶ月経っても死ななかった。1年経っても、まだ死ななくて、それどころか顔色がだんだんよくなってきたそうです。そして、**病院に行ったら、どうして生きているのかわからないと言われ、レントゲンを撮ったら、ガン細胞が全部消えていた。**それから3年経ちますが、まだお元気でいらっしゃいます。

現代医学では、ガン細胞は消滅することはありえないことになっていますが、将来的に医学書は書き換えられるかもしれません（編集部注＝実際に現在ではポジティブな感情によって免疫力が強まり、ガンの再発を抑制するという考え方が広がっています）。実際にガン細胞が消滅した人の実例が、500人に1人という割合で報告されているからです。しかも治療・投薬なしの自然治癒で。その500人に1人の人の共通項とは？

「ガンになる前よりも、ガンになってからのほうが、ずっと幸せになった。心優しい人や素晴らしい人たちと出会うことができたのは、ガンになったおかげ。ガンにならなければこのような素晴らしい世界を知ることはなかった。ガンになって本当によかった。心からガンに感謝します」というふうに思えた人が、その500人の中の1人になっています。

ガンは闘いモードになった人の体の中で、猛烈に増える。闘わない人の体の中では、増えることができない。したがって、闘病を始めた人ほど、ガン細胞は活性化し、増殖するらしい。

闘おうとするストレスが、ガンを増やしているらしいのです。わが家の長女は知的障害児なので、同様の障害を持つグループとの交流があり、最近不思議なことがわかりました。このグループでは、知的障害者で、ガンになる人は少ない。ストレスを感じることが少ないからかもしれません。

「ストレスを感じない人」とは、ストレスをはね返すような強さを持っていることではありません。やわらかい人のことです。

柳の雪折れなし

という言葉があります。柳の枝は〝てれん〟としていますから、雪が降っても枝に降り積もることはない。積もるということがないので、雪の重みによって枝が折れることはありえません。ところが、ビシッとまっすぐで丈夫そうな木の枝は、雪が降るとその重みでポッキリ折れることがある。

ストレスも雪と同じです。**柳の枝のように〝だらん〟とした生き方をしていれば、ストレスを感じなくて済みます。**そしてガンになる可能性も低くなる。

今、日本人の31％がガンで死にます。16％が心疾患、13％が脳血管疾患です（編集部注＝2022年現在はガンが31％、心疾患が15％、脳血管疾患が7％）。心疾患、脳血管疾患は、あっというまに死んでしまうのに対して、ガンは、余命〇ヶ月、と宣告してもらえるので、死に方としては実はいちばんプランを立てやすい死に方かもしれません。
なぜなら、自分で自分の告別式にきてくれた人へのあいさつ文を書き残すことができるし、自分のお葬式の香典返しを自分で選ぶことができる、自分の棺に何を一緒に入れてもらうかを、自分で決めることができる、墓石に何を書くかも自分で決めることができる……。

そう考えてくると、死期を教えてもらえるという意味でガンで死ぬというのは案外いいな、と思えた人がいたとします。すると、その瞬間にその人の体からガン細胞が消滅し始めた可能性がある。

ガン細胞は、受け入れられると生きづらい、という細胞のようなのです。

36

温かさを感じて生きる

すべてのものに感謝する生き方

人の温かさをあてにして生きていくのです。
そして、人から温かさを求められたら、
自分もできるかぎり
温かさを提供することにしませんか。

「ありがとうの法則」というのは、**自分が自分の意志で生きているのではなくて、ありとあらゆるものの支援によって生きているということがわかるということです。**それがわかってしまうと、三次元的な周囲の人間も、四次元的な存在も、すべてを味方につけることができます。

「今まで、人に迷惑をかけずに生きてきたのに、どうして私は病気になってしまったのか」

と言う人がいました。果たして迷惑をかけずに生きるということが可能でしょうか。自分が着ている服の糸1本さえ、自分で栽培をすることはできません。お茶を飲むときの茶の葉も、湯飲み茶碗も、自分で作っているという人は稀《まれ》でしょう。それを載せている机も、床も……というように、**ありとあらゆることに他者の力を借りながら生きています。**さらに、水がなければ人間は生きられませんが、この「水」は、何者かが生命を維持するために与えてくれているもの。

「人に迷惑をかけない」という生き方も立派ですが、実は、そこにはいくばくかの「おごり高ぶり」があるかもしれません。人間は、ことほどさように迷惑をかけなければ生きていかれない存在なのです。だから、「おかげさま」で生きてきた、とすべてのものに感謝をしながら生きていくほうが本質なのかもしれません。
そう申し上げると、その方は、「今まで、ぜんぜん感謝をしたことがなかった」とおっしゃって、これからは、感謝をして生きていきます、とのことでした。そして、なんとその方は、余命３ヶ月と宣告されたのですが、１年以上生きています。もしかすると、感謝を始めたことで、体の中の組成構造が変わったのかもしれません。

すべての人、もの、現象を大事にし、感謝をして生きていくことは、自分が生きていくことを助けてもらうということでもあるのです。これはたいへん簡単な構造であるために、西洋文明的な人生観の中で生きてきた私たちには少し抵抗があるかもしれません。「人に頼るな」「自分の力で生きていきなさい」と教育されてきたのですが、こんな生き方はどうでしょうか。人の温かさをあてにして生きていくのです。そして、人から温かさを求められたら、自分もできるかぎり温かさを提供することにしませんか。**頑張らない、闘わない、競わないという人々の社会は、ただ温かさだけが満ちているのです。**

第9章

「後悔しない」のが得

37

プロポーズ、あの日に戻って……

すべてはその時点で最高の選択

過去を振り返る必要はないのであり、
未来の自分に対して、今の自分が
どれほど未熟であるかを認識しながら
生きていくことにしましょう。

「人生はシナリオ通り」というのが、私の長年の研究の結果、至った結論ですが、生まれる前から人生はすべて決まっていた。ですから、結婚も離婚も、実は自分のシナリオ通りなのです。

第一生命保険の「サラリーマン川柳」(編集部注＝現在は「サラッと一句！わたしの川柳コンクール」)に次のような作品がありました。

プロポーズ　あの日にかえって　ことわりたい

そのお気持ちはわかるのですが、しょうがない。それ以外のシナリオは存在しなかったのです。

人生を「階段」にたとえます。ずっと上っていくと、天上界へ続いている。生まれたときが階段のいちばん下と思ってください。そして、途中まで上ってきた今日という「現在」から下を見ると、今の自分はいちばん高いところにいます。したがって、3ヶ月前、3年前の私を見下ろして、ああしなければよかった、こうしなければよかった、と悔やむことは意味がありません。

3年前はその時点での人生の最高峰にいたのだから、その時点で最高の選択をしたということ。その決断しかできなかったのです。しかしなぜ悔やんでしまうかというと、さらに上ってきた「今の私」から見ると、それより低いところにいた過去の私は、未熟に見えるから。それは当たり前で、未熟に思えないほうがおかしい。だから過去について、後悔も反省もしなくてよいということです。

ところがこの人生という「階段」において、上を見ると、今の自分は、実はいちばん低いところにいます。だから、**常に「今の私」は謙虚になることが重要。「反省」のかわりに「謙虚さ」が必要なのです。**

多くの人はそこが逆になっているようです。未来に向かって謙虚になることは少ないが、過去に向かってばかりとても謙虚で、悔やんでばかりいる。そして、自分を高めようとしない。自分を高めることに多くのエネルギーを費やさない人にかぎって、過去を振り返ってばかりいて、後悔することにエネルギーを浪費しています。

悔いの多い人生は、うまく流れていきません。ここで標語。

クイが多いと川は流れにくい
クイがないと川はよく流れる

そのときには、100%その行動しか選べなかった最高の選択なのだから、過去を振り返る必要はないのであり、そんなことにエネルギーを使うよりも、未来の自分に対して、今の自分がどれほど未熟であるかを認識しながら生きていくことにしましょう。

38

おかげさま

人間は人の間で生きている

人生という旅の中で
出会った人すべてを
味方にしていくことが
人間の本質です。

人との縁は、自然に切れることはありません。「袖すり合うも他生の縁」と言う通り、出会った人とはすべて大事にすべき「他生の縁」があるのですが、その縁が切れるときはみんな気づかないうちに自分から切っているのです。

出会ったときは名もなき若者であっても、10年後に社長になっていて、思いがけないところで助けてくれる人であるかもしれません。そう考えると、誰を大事にして誰を大事にしないということはできなくて、出会う人すべてをあだやおろそかにできないのです。

私はラッキーだった、ツイていたと言える人は、神仏、守護霊、宇宙を味方にしてきたということです。そして、ラッキーで運がよくて生きてきたと言えるということは、「おかげさま」で生きてきました、と言っているということです。「私」の力や実力で生きてきたのではなくて、みんなのおかげで、目に見える存在、目に見えない存在、みんなのおかげで生きてきました、ということです。

そして、物事の本質がわかっている人は、素直に人のお世話になることができる人です。自分一人でちゃんとやっているつもりでもたかが知れているということがわかってくると、人に甘えて生きるということができるようになります。

「失脚」という言葉は、「脚」を「失」うと書きますが、この日本語はたいへん重要なことを教えています。今まで支えてくれていた「脚」を失った状態を「失脚」と言っているのです。失脚という場合、その人はそれまで、自分の努力で自分の脚で立っていたと思っていたかもしれませんが、実はその人を支え、押し上げてくれていたものから見放されてしまったというだけの話です。

したがって、「失脚」したら、人間は人の間で生きているということを改めて思い知るのでしょう。と同時に、**自分の実力ではなく、すべて「おかげさま」なのだ、ということに思い至るのです。**

人生という旅の中で出会った人すべてを味方にしていくことが人間の本質です。反対に、お世話になった人への感謝を忘れていると、もう支援をしてもらえないどころか、敵を作ってしまうことにもなりかねません。たとえ成功して自分の脚で歩いていけるようになってからも、その恩を忘れておろそかにしてはならないのです。人生は味方を作っていく作業であり、味方をどんどん増やしていくと、その後の人生もずっと豊かで楽しいものになっていくようです。

39 はたらく人

いかに喜ばれる存在になるか

この世に生を受けた目的とは、
いかに喜ばれる存在になるかということです。
「はた」を「らくにする」というのが
「働く」という言葉の語源です。

人に出会ったとき、「働き者」かどうかを見分ける方法があります。眉毛が濃くて太い人が、働き者。汗が目に入らないように眉毛が濃くなっているのです。また、手の指が短い人も、働き者です。指が手のひらの半分ほどの長さしかないという人がいたら、その人はとても働き者のはずです。

ところで、「働き者」とはどのような人のことですか？

この世に生を受けた目的とは、いかに喜ばれる存在になるかということです。そして、**喜ばれる存在になるということはすなわち、自分が体を使って汗を流して周りを楽にするということ。**周りのことを「はた」といいますが、「はた」を「らくにする」というのが「働く」という言葉の語源です。

ちなみに、周りの人に迷惑をかけることを、「はた」に「迷惑」をかけるというので「はた迷惑」という言葉があるわけです。「はた迷惑」の反対語が「働く」です。

「働く」とは、周りの人が喜んでくれるように汗を流すこと。したがって、自分で自分の達成目標を立ててそれに向かって努力、邁進《まいしん》するというのは、本質ではないということです。

お金をかせぐという意味もそこには存在していません。それらは人間がこの世に生を受けた目的と相容《あいい》れないので、悩み、苦しみ、苦悩、煩悩がそこから発生してきます。**喜ばれる存在であれば、ストレスはないはず。**ねらいをさだめるからストレスになるのであり、自分の思いを持ち、努力、邁進し、こんなに頑張っているのに、と言いながらストレスで体を壊したりストレスを振りまいたりしているのでは、結局「はた迷惑」でしかない。自分をたいしたものだと思いたくて頑張っている人は、はあはあ、とたくさんの酸素を一人で使うので、周囲の空気を薄くしています。

40

負ける訓練

「勝利」「成功」にはなんの意味もない

負けようと思いながら相手が何を出すか読み取ろうとするとき、超能力が出ます。すなわち使っていなかった潜在能力が働き出すということです。

これから「後出しジャンケン」をしたとします。私が「ジャンケンポン」と言ってグーを出すので、みなさんは1秒後に「ポン」と言ってパーを出して勝ってください。簡単ですね。5回やったらほぼ全員の方が5連勝できると思います。

では今度は、後出しジャンケンで負けてください。すると面白いことに、5回やって5連敗できる人は、半分ほどしかいません。勝つ訓練ばかりやって生きてきたからです。

後出しジャンケンで「勝つ」のも「負ける」のも、情報処理量は同じです。それなのにどうして「負ける」ことのほうができにくいのか？　私たちは、日ごろから「勝つ」訓練ばかりやっているからです。

実際に、講演会の会場でこの後出しジャンケンの実験をやってみると、5回やって5連敗できる方は最初は半数ほどですが、しばらく隣同士の方と「負ける訓練」をしてもらった後に、再度やってみると、今度はほとんどの方が5回やって5連敗できるようになります。訓練の問題なのです。今まで私たちは、すべてにおいて「勝つ訓練」しかやってきませんでした。

超能力というものは、相手が何を出すか読み取って勝とう、と思ったときは読み取ることができませんが、負けようと思いながら相手が何を出すか読み取ろうとするとき、超能力が出ます。すなわち**使っていなかった潜在能力が働き出すということです。**「勝とう」というときは、β波という脳波が出ますが、相手が出すものに対して、「負けよう」と思ったとき、α《アルファ》波もしくはθ《シータ》波が出ます。そのようにスイッチを切り替えて訓練すると、普段使っていない85％の脳細胞が刺激され、超能力が使えるようになるようです。

頭の中に、「勝つぞ」「闘うぞ」「上位に入るぞ」という意識ばかりで生きているのをリセットしたほうがいい。「勝つぞ」という意識のとき、15％の能力しか出ませんが、負けてもいいや、勝つ必要はない、いやむしろ負けちゃおうというときは、ぜんぜん緊張しないので（緊張すると脳波はβ波になります）、α波とθ波が出て、85％の脳細胞が目覚めてくるのです。**85％の脳細胞を開発するためにジャンケンで「負ける訓練」をするのは、なかなか有効な方法です。**

実は、人生において、「勝ち負け」「勝利」「成功」というものを、頭の中から全部取り去ってしまったほうがよい。そんなものはなんの意味もない。ジャンケンをして、勝ったほうがイニシアチブをとるという文化は20世紀で終わり。勝ったほうが優位に立つということ自体が、宇宙の本質ではないからです。

余談ですが、こんな研究結果があります。

アリについて研究しているグループがあるそうで、北海道大学と新潟大学のそれぞれ別のチームが、偶然同じ結論を学会で発表したことがありました。

ハタラキアリの集団の中に、まったく働かないアリが2割いるのだそうです。この働かない2割のアリを排除し、ハタラキアリだけの集団にすると、能率が落ちるのだとか。この働かない2割のアリは何をやっているかというと、自分の体をなめたり、隣のアリの体をなめたりしているだけです。そして、この働かないアリがいるほうが、実は仕事の能率が高いということがわかったということでした。

人間社会も、常に働いている人ばかりだと、実はその職場は能率が上がっていないのかもしれません。**ぜんぜん働いていない人が2割くらいいたほうが、能率が上がるらしいのです。**

41

営業成績

優しさを「実践」してみせる

しゃべり方、声のトーンというものが、
どうも信頼関係を築く条件なのではないか。
つまり、話す内容や技術の問題では
ないということらしい。

ある会社の営業部の重役の方が、今までバブルがはじけてから10年ほどの間、全国に10ヶ所ほどある営業所を毎月見回りながら社員たちを叱咤《しった》激励し、営業成績を上げるために一所懸命やってきたけれども、どうしても月の売り上げが目標額1億円を超えることができないと言う方がいらっしゃいました。その方は、ありとあらゆる手を尽くして、いろいろな経営コンサルタントを呼んだり、税理士、会計士たちのアドバイスを受けてその通りにやったりしてきたけれども、まったくダメだったとおっしゃるので、私は次のようにお話ししました。

その営業部員の人たちに、夏の暑いときに歩き回ってもぜんぜん契約をとってくることができなかったとき、「ちゃんとやれ」とか「頑張れ」と怒るかわりに「暑い中歩き回ったのに一件も契約がとれなかったなんて本当にたいへんだったね、ありがとう。ごくろうさま」と言ってあげることもできる。もしかすると、本当はどこか涼しいところでコーヒーを飲んでいたかもしれないのだけれど、そういう人にも、「**ありがとう。ごくろうさま**」と言っていると、その人は、最初は「暑いのに仕事なんかしてられるか」と思っていても、次第にせつなくなってくる。

そういうお話を重役の方にして、これからは、怒るのをやめて、かわりにただありがとうと声をかけることにしたらどうですか、と申し上げました。

3ヶ月後、またその方にお会いしたのですが、そのときはだいぶご様子が変わっていました。以前はとても恐い顔だったのが、穏やかな雰囲気になり、笑顔になっているのです。

実は、10年間何をやっても超えられなかった目標額1億円を軽々と突破し、今では毎月1億3000万円から1億4000万円ほどにもなったそうです。

「あれから一切叱咤激励をやめ、小林さんの言う通りに成績がよくても悪くても、営業部員にただありがとう、と言っていたら、なんの苦労もなく売り上げが上がったのです。私自身は、この3ヶ月間何も仕事らしいことはしていないにもかかわらず、右肩上がりにまだ売り上げが上がり続けています」

とのことでした。そして、それだけではなく、奥さんも、この夫が非常に優しい人になったので惚れ直してしまいましたとおっしゃっていました。さらに、この10年間ずっと体も壊し、ずいぶん食事制限もしなければならない状態だったのが、今はもう何を食べてもいいというほど、検査結果の値が正常になってきたということです。

たとえば、催眠術をかけるときにいちばん大切なことは、信頼関係ということです。信頼される人格でないと、人に催眠術をかけることはできないということなのでしょう。心理学の世界でも「ラポール」の形成（心理学用語で信頼関係を築くという意味）については盛んに研究され、重要視されていることで、さらにそれは人間の潜在能力を引き出す際にも、重要なポイントとなるのではないかと思われます。そして、しゃべり方、声のトーンというものが、どうも信頼関係を築く条件なのではないか。つまり、話す内容や技術の問題ではないということらしい。

このことがわかったら、みなさんはとても楽になれます。

ある保育園の先生で、子供たちに毎日怒鳴りまくって大声を出してもぜんぜん言うことを聞かないんですけど、どうしたらいいでしょう、と、かすれ声で私に相談にきた人がいました。私の答えは、

「では、小さな声でしゃべってみてください」

すると、その先生は、

「どうしてですか。できるかぎりの大声を出してもぜんぜん聞かないのに、小さな声で子供たちが聞くわけないじゃないですか」

とおっしゃるので、私はただ笑って「小さな声でしゃべればいいんですよ」と言いまし

た。

それでも不満そうにしていましたが、その方は毎日大声を出しているせいでしゃがれ声しか出なくなっていたので、小さな声で子供たちに話してみたそうです。そうしたら、子供たちはシーンとして聞いてくれたそうで、不思議ですねぇ、とおっしゃっていました。

大声で怒鳴っているから、子供たちは安心してキャーキャー騒いでいるのです。**先生が小さな声で話を始めたら、子供たちは身を乗り出して聞くようになるわけです。**

権力や立場の強さを持っている人が、自分より弱い立場の者に対して、権力を行使しないことを「優しい」といいます（ちなみに「地球に優しい洗剤」などという言い方は間違った使い方で、人間が地球に対して〝優しく〟できるなどと言うのは人間のおごり高ぶりです）。

そして、単に上司だから、親だから、先生だから、という理由で威張っていいのではありません。強い立場の者が、弱者の目線に降りていって立場の強さを行使しないことが「優しさ」なのです。偉そうに上からものを言っていては、自分が立場が上になったら怒鳴って威張っていいんだ、ということで「優しさ」というものはこの地球上に存在しにくい。もし、この優しさという概念がすべての人にとって共通認識となったら、子供たちのいじめというものもなくなると思いますが、それを言葉だけで説明するのは無理で、**強い立場の人たちが優しさを「実践」してみせることが大事でしょう。**

エピローグ

さらに「究極の」損得勘定

42

「そわか」の法則

一人で、お金をかけずにできること

「掃除」の「そ」、「笑い」の「わ」、
「感謝」の「か」。
人間の行為・行動の中で、
神様が好むベスト3が「そわか」。

いろいろ述べてきましたが、さらに「究極の」損得勘定をいうなら、「そわかの法則」がかなり面白いものです。

般若心経の最後の部分は「ボウジソワカ（菩提薩婆訶）」といいます。この「ソワカ」とは「ことが成る」「ことが成就する」という意味だそうです。

まったく偶然ですが、「神様が、人間の為す行為の中で好きなものはどんなものだろう」と考えていたら、「そわか」の3文字に思い至りました。

「掃除」の「そ」、「笑い」の「わ」、「感謝」の「か」の3文字です。

人間の行為・行動の中で、神様が好むベスト3が「そわか」。この3つの行為を続けている人間を、どうも神様が応援しているように思えます。

第一。神様は「きれい好き」らしいのです。

「きれい」には3種類あって、「姿かたち」がきれいな人、心がきれいな人、を神様は支援・応援する（「姿かたち」には「立ち姿」「歩き姿」「座り姿」の美しさなども含まれるようです。必ずしも「顔」だけの問題ではありません）。

さらに、3つ目は「水回り」や「身の回り」をきれいにしている人。ひとつ目の「姿かたち」でも2つ目の「心」でも勝負できないと思う人は、3つ目の「周りをきれいにする」ことで勝負できそうです。

あるホテルの経営者の話。

その宿に泊まったスポーツ選手が、部屋をとてもきれいにして出ていったときは、よい成績を残すのだとか。

逆に、同じ選手が、いつになく部屋をきれいにせずに荒れた状態で出ていったときは、成績がふるわないのだそうです。

成績がよかったときの翌日に部屋がきれいだった、というなら、「気分がよかった」ので「部屋をきれいに使った」という因果関係になります。しかし、この話は、「きれいにして出ていったときはよい成績」で、「神様が味方をしてくれたらしい」ということになるのです。

「一流選手ほど、部屋がきれいですね」と、その経営者は言っていました。

「そわか」の2番目は「笑い」です。

「笑い」とは肯定すること、受け入れること、共鳴、共感すること。

ですから、「笑顔」や「笑い声」は、宇宙や地球に神様の為した行為（いろいろな出来事や現象、事件など）を、〝肯定的〟に受け止めた、ということにほかならないのです。

ダジャレやジョークで笑う、というのは、そのジョークを「つまらない」と拒否したのではなく肯定的に〝受け入れた〟ということです。笑える人は肯定的な人、受け入れられる人、明るい人。

「そわか」の3番目は「感謝」です。

「ありがとう」の言葉を言っているだけでいろいろな奇跡が起こるようだ、と述べてきました。「ありがとう」の源の言葉は「ありがたし」。人の力ではできないこと、成就しにくいことが成されたとき、「有り得ないこと」（が起きた）というので「ありがたし」と言いました。もともとは神様に対してのみ使われた言葉で、人に対して使われるようになったのは室町《むろまち》時代以降のことなのです。

ですから、「ありがたし」「ありがとう」という言葉は、神様をほめたたえる言葉、神様に対しての感謝の言葉でした。それを言われ続けたら、神様もその人に対して好意的になるのではないでしょうか。

結局、「ありがとう」だけでも神様を味方につけることができ、支援・応援をいただけそうなのですが、それに加えて「掃除」と「笑い」（現象に対する肯定）が加わるのです。神様が強い味方になってくれそうではありませんか。

この本を終わりまで読んで、「とりあえずすぐにとりかかれる損得勘定」を求めていた人は、何も考えずに「そわかの実践」をされることを勧めます。

この「そわかの実践」には、素晴らしい共通項が2つあることをつけ加えておきましょう。

ひとつは、いつでも一人でできること。場所とときを選びません。仲間がいなくても、いつでも「実践」できるのです。

もうひとつは、お金がかからないこと。掃除も笑いも感謝も、お金がかかりません。無料です。

だから、「なぜ?」などと考えているヒマがあったら、1分でも2分でも早く、「実践」を始めること。やれば結果が生まれます。「運は動より生ず」。これを「運動」と呼びました。**「実践」が「結果」を生じます。やってみて、ぜひ楽しい時間、楽しい日々を味わってください。実践すれば必ず、楽しく面白い現象が生まれるのです。**

解説

否定的に生きると損、肯定的に生きると得

正観塾《せいかんじゅく》師範代　高島《たかしま》亮《りょう》

小林正観さんは、著書や講演などを通じて、楽に楽しく幸せに生きるための「ものの見方」と「実践」を「見方道」として伝えました。

「幸も不幸も存在しない。そう思う（自分の）心があるだけ」という見方道のベースの上にさまざまな見方を乗せて、**「投げかけたものが返ってくる」**をはじめとする宇宙法則を合わせて、日々の実践につなげることを正観さんは勧めます。

読んだり聞いたりしただけで終わらせないこと。情報を伝えるだけのメッセンジャーにとどまらず、自ら実践するジッセンジャー（実践ジャー）であること。簡単なようで難しいテーマですが、正観さんはこのことを繰り返し説いていました。

「損得勘定」は、その実践論の重要なカギのひとつです。

「そわかの法則」の「そ」は「掃除」、とくに「トイレ掃除」ですが、**「トイレ掃除をすると臨時収入があるらしい」**という話がどんどん広がり、多くの人が（目を輝かせて？）実践しました。今もきっと多くの人が実践し続けていると思います。

トイレを磨いて人格を磨くという面もあると思いますが、正観さんはこう言っていました。

「トイレ掃除は、損得勘定でもいいから、やることをお勧めします」

臨時収入があったとか、仕事やお金に困らなくなるとか聞けば、やってみようという気になりますよね。

損得勘定は実践のモチベーション（動機づけ）になるわけです。

見方道は、知っているだけではなんにもなりません。使って初めて生きるのです。「知識」は、日常生活で生かし、実践することで「知恵」になります。さらに、実践で結果が出ても「実るほどこうべを垂れる稲穂かな」で常に謙虚であること。正観さんはその謙虚さを「知性」と呼び、**「知識」「知恵」「知性」という3つの「知」が備わると、自分が好きになり、人生が面白くなりますよ**とも言っていました。

モチベーションになるということは、楽しいということ。楽しいからやるわけです。

いくらいい話でも、やるべきである、やらねばならないと必死になって険しい表情でいたら、楽しくないでしょう。楽しくないとやる気にならないし、続きません。逆に、損得勘定で得となれば、楽しそうだからやるでしょう。

「べき論」より「損得勘定」が、「正しい」より「楽しい」が人を動かす。正観さんは人間というものをよく知っていて、モチベーションを引き出すのが上手《じょうず》でした。

「そわか」をはじめ、**見方道の実践は、どれも自分だけでできて、お金も時間もかからないものばかりです。**やろうと思えばできるものばかりですから、実践したほうが得ではないでしょうか。

通常の損得勘定は、自分にとって損であるか得であるかをてんびんにかけ、打算的に判断することです。自分の思い通りになることや何かを得ることを「得」、自分の思い通りにならないことや何かを失うことを「損」として計算することです。

それに対して、正観さんは見方道の観点から損と得の基準を示しています。

「否定的に生きると損、肯定的に生きると得」

何かを得るか失うかではなく、自分がどう生きるかで、損得は決まる。

「幸も不幸も存在しない。そう思う（自分の）心があるだけ」と同じです。幸・不幸も損得も、何が起きるかで決まるのではなく、自分がどう見るか、どう生きるかで決まるということです。なぜかというと、**起きる出来事や現象には、良いも悪いもプラスもマイナスもない**（もともと決まっていない）からです。

幸・不幸は、何かを得たり失ったりしてなるものではなく、自分が気づいて感じるもの。同じように、損得も、自分が気づいて感じるもの。そういう意味では、「損得感情」と書いてもいいくらいです。

感情は感じよう。「損得感情」も感じよう。

「究極の」損得勘定というのは、本当の損得とはどういうことなのかをよーく感じようということなのかもしれません。

否定的な生き方とは、五戒（不平不満、愚痴、泣き言、悪口、文句）を言うこと。思い通りにならないことに対して五戒を言うことは、それ自体が楽しくありません。投げかけたものは返ってくるので、楽しくないものを投げかけると楽しくないものが返ってきて、さらに楽しくありません。

正観さんは、**「楽しく生きられないこと」**を**「損」**、**「楽しく生きられること」**を**「得」**としています。ここでも**キーワードは、「楽しい」**です。

受け入れられないこと、もの、人に対して、イライラして腹を立て、怒っていると、それ自体が楽しくないので、損。さらには、自分の体内で毒も作って体を痛めてしまうので、自分がいちばん損。身の毒は気の毒ですね。

「正しい」を振りかざして、自分にも他人にも厳しくしながら、一人で頑張って、必死になって、怒りやストレスで体を壊してしまったら、「ばかみ隊《たい》」。楽しく生きられない極致ですから、究極の損と言ってもいいでしょう。

そんな生き方はやめて楽しく生きたらどうですか、「楽しく生きられること」が自分にとって「得」ではありませんか、と正観さんは問いかけます。

他人に優しく、自分に甘く、起きる出来事や現象を受け入れて、ニコニコしながら生きるのが、「楽《らく》み隊《たい》」。必死になって頑張ることもなく、体を壊すこともなく、周りの力をいただいて、おかげさまに感謝しながら生きると、楽に楽しく幸せになりますよ、と。肯定的な生き方の提案です。

正観さんの実践論に**「実践の3段階」**という話があります。起きる出来事や現象に対して、五戒を言わないというのが、実践の第1段階。「嬉しい、楽しい、幸せ」というとらえ方をして喜ぶというのが、第2段階。「ありがとう」と感謝するというのが、第3段階。この3段階の処理を毎日の生活の中でひたすら行うというものです。まさに肯定的な生き方で、これが見方道の実践の基本になります。

どの段階も順不同で繰り返していけばいいのですが、段階が上がるごとに（起きる出来事や現象に対する）受け入れ度も上がります。**受け入れ度が上がるほど、自分が楽に楽しく幸せになります。**正観さんは受け入れ度のことを「天国度」とも表現していますが、上の段階ほど肯定的なので、「得」の度合い（得度）も上がるということです。

受け入れ度＝天国度＝得度

3段階の実践を続けていくと、人に喜ばれるというかたちで返ってきて、それで「天国度」が100になります。その「喜ばれること」を「徳」といいます。得は徳でもあるのです。

損得は「自分がどうするか」という実践にかかっています。「正しい」から「楽しい」に基準を切り替えて、「楽み隊」で実践を繰り返し、徳という得も加えながら、「究極の得」を楽しんでみてはいかがでしょう。

［著者紹介］

小林正観 こばやし・せいかん

1948年東京生まれ。中央大学法学部卒。
作家、心学研究家、コンセプター、
デザイナー、SKPブランドオーナー。

学生時代から人間の潜在能力やESP現象、超常現象などに興味を抱き、独自の研究を続ける。年に約300回の講演依頼があり、全国を回る生活を続けていた。
2011年10月12日永眠。

著書に、「未来の智恵」シリーズ（弘園社）、「笑顔と元気の玉手箱」シリーズ（宝来社）、『釈迦の教えは「感謝」だった』（風雲舎）、『宇宙が応援する生き方』（致知出版社）、『日々の暮らしを楽にする』（Gakken）、『お金と仕事の宇宙構造』（サンマーク出版）、『運命好転十二条』（三笠書房）、『努力ゼロの幸福論』（大和書房）、『ありがとうの神様』（ダイヤモンド社）、『無敵の生きかた』（廣済堂出版）、『小林正観さんの人生のシナリオを輝かせる言葉』（主婦の友社）、『心を軽くする言葉』『脱力のすすめ』『なぜ、神さまを信じる人は幸せなのか?』『こころの遊歩道』『生きる大事・死ぬ大事』『宇宙を解説 百言葉』（イースト・プレス）、『魅力的な人々の共通項』『で、何が問題なんですか?』『宇宙が味方の見方道』『こころの宝島』『笑顔で光って輝いて 改訂版』（清談社Publico）など多数。

［お問い合わせ］

現在は、正観塾師範代 高島亮さんによる「正観塾」をはじめ茶話会、読書会、合宿など全国各地で正観さん仲間の楽しく笑顔あふれる集まりがあります。詳しくはSKPのホームページをご覧ください。

SKP　045-412-1685
小林正観さん公式ホームページ　http://www.skp358.com/

本書は2004年に株式会社宝来社より刊行された
『究極の損得勘定』を再編集したものです。

究極《きゅうきょく》の損得勘定《そんとくかんじょう》

損得《そんとく》で考《かんが》える42の宇宙法則《うちゅうほうそく》

2024年9月24日　第1刷発行

著　者　小林正観《こばやしせいかん》

ブックデザイン　福田和雄（FUKUDA DESIGN）
本文DTP　江尻智行

協　力　高島 亮

発行人　畑 祐介
発行所　株式会社 清談社Publico
〒102-0073
東京都千代田区九段北1-2-2 グランドメゾン九段803
TEL:03-6265-6185　FAX:03-6265-6186

印刷所　中央精版印刷株式会社

ISBN 978-4-909979-67-4 C0030

清談社
Publico

https://seidansha.com/publico
X @seidansha_p
Facebook https://www.facebook.com/seidansha.publico

清談社
Publico

小林正観の好評既刊

宇宙が味方の見《み》方《かた》道《どう》

こんなふうにとらえると楽になる9つの方法論

こんなふうにとらえると楽になりますよ。……「幸・不幸」「成功・失敗」に目を向けず、“ものの見方”を変えれば、幸せで、楽な人生。書店では入手不能だった「名著」が待望の復刊。“法則“を実践した人々の実例が満載。

ISBN978-4-909979-21-6　定価：本体1,500円+税